PENSÉES MORALES

LITTERAIRES

ET

PHILOSOPHIQUES

DE

SÉNÈQUE

LE

PHILOSOPHE:

ON Y A JOINT QUELQUES PORTRAITS ET
LES ANECDOTES REPANDUS DANS
SES OUVRAGES.

*Les pensées se retiennent plus aisément quand
elles ont les bornes et pour ainsi dire la
tournure mesurée des vers.*
Seneq. Lett. 33e.

PREMIERE PARTIE.

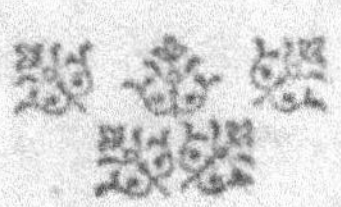

à UTRECHT,
Chez B. WILD. MDCCLXXX.

AVERTISSEMENT.

Seneque, le Philosophe, est mis avec raison à la tête des plus profonds penseurs de l'antiquité après Tacite. Celui-ci porte la lumiere dans les plus secrets replis du coeur, et dévoile les causes les plus cachées des événements politiques et des actions humaines. Il peint l'homme tel qu'il est, dans les délices du Luxe et de la mollesse, non pour avilir l'homme, mais pour le faire rougir de ses vices. Il nous montre le trône du despotisme, comme un volcan qui dévore tout ce qui ôse l'approcher, et autour de ce Volcan quelques esclaves qui s'agitent, se débatent, se disputent l'honneur d'y périr les premiers. Les ressorts des grands empires, il les apperçoit souvent dans un nain, dans la fange; Il va saisir le destin des maîtres du monde derriere un atôme, pour se délasser de la peinture affligeante d'une civilisation dégénérée dans la prosperité, son pinceau hardi trace les mœurs d'un peuple à demi - fauvage , fon génie s'élance dans les extrêmes , pour éclairer l'homme par les faits , et le corriger par les exemples. Celui-là descend au fond de nos cœurs, caractérife nos penchants , obferve leurs effets et nous préfente fans cesfe ce qu'ils ont d'odieux , pour nous en inspirer de l'horreur. C'est un cenfeur rigide , mais pour terrasfer le vice. Il le fuit dans tous les détours , pour lui interdire toute retraite. Il jette un œil pénétrant et attentif fur nos passions , les décompofe par l'Analyfe pour leur impofer le joug de la raifon. Tacite inftruit les potentats , pour tourner leur puisfance à la félicité publique. Seneque parle à tous les hommes, et leur démontre qu'il n'est point de bonheur qui n'ait la vertu pour fondement. Tacite est devenu le maître des administrateurs des Empires, en dévoilant les petitesfes et la corruption de leur ame. Séneque est l'Oracle de la vertu;

AVERTISSEMENT.

il cherche a rendre tous les hommes meil-
teurs, afin qu'il n'y ait que des Sages fur
trone. Quand on a lu les annales de Tacite on gémit fur le fort des peuples, l'a-
me est dechirée à la vue des atrocités
dont peuvent être capables les chefs des
focietés. En lifant Seneque, l'ame s'éleve,
s'agrandit, reconnoît toute fa noblesfe, en-
trevoit la perfection, et foupire après la
vertu.

Avec l'amour du bien il n'eut été
qu'un philofophe ordinaire. La nature auroit laisfé fon ouvrage imparfait, fi elle
ne l'eût doué des dons brillants de l'esprit,
et furtout de cette pénétration qui d'un
coup d'œil voit toutes les faces des objets,
ou plutôt en découvre de nouvelles. Elle
voulut donc qu'en lui la fagesfe fût comme efcortée d'une vive lumiere qui en fit
briller tous les charmes. A une ame elevée
elle unit de grands talens; elle allia deux
chofes qui marchent rarement enfemble,
l'Ecrivain fupérieur au philofophe pro-

fond. Il est vrai que l'on reproche à Seneque d'avoir eu trop d'esprit, d'avoir même sacrifié le langage pur et nombreux de Ciceron, au plaisir d'en montrer. Quoique ce langage fût déjà corrompu et qu'il ait dû l'être par la vicissitude ordinaire des choses humaines; quoique les ouvrages du philosophe soient remplis de morceaux d'une véritable éloquence, ce reproche est trop bien fondé pour chercher à le dissimuler. Il est certain que son Style en général, plus fleuri que correct, plus haché qu'harmonieux, plus brillant que naturel, sent la recherche et l'affectation. Mais sous ces couleurs jettées au lieu d'être fondues, sous cette richesse excessive d'expression, que de pensées hardies, grandes, fortes et souvent sublimes! On peut comparer le style de Seneque à des éclairs qui éblouissent jusqu'à la fatigue l'œil qui les suit; et ses pensées à ces météores enflammés qui se balancent, pompeusement, dans les airs, que l'on con-

AVERTISSEMENT.

temple avec une avidité mêlée d'admiration , qui ne femblent s'agrandir à nos
yeux que pour nous donner une plus haute idée des ouvrages de la nature.

Dans ce recueil les défauts de langage
n'existent plus. La traduction en a écarté l'enflure. On a tâché de n'en conferver que l'énergie et la précifion. C'est
incontestablement par l'art de penfer que
le philofophe s'est élevé au desfus des
traits de la critique , et que fon nom a
pasfé à la poftérité , malgré les efforts de
fes détracteurs. Cependant le plus beau
jour n'est pas quelquefois fans nuage; les
penfées de Séneque ne font pas toutes également belles. Ofons le dire. Il en est
de hazardées, il en est de fausfes &c. Séneque
revient fouvent fur les memes matieres;
il fe répete. Le dernier et le plus eftimable de fes traducteurs(*) voudroit le juftifier
de ces répétitions , en faifant obferver
qu'alors il a foin de préfenter la même idée
ou avec des nuances différentes, ou avec

(*) Mr. La Grange.

un tour nouveau qui affoibliffent la res-
femblance. Cette obfervation n'est peut
être que fpécieufe. Ces légers change-
ments déguifent quelques parties de fa
penfée, mais le corps reste le même; une
penfée a fon caractere propre et des traits
pour ainfi dire inéfaçables ; en altérant
quelques uns de ceux ci on change la forme de celle - là fans en changer le fond.
Elle est rapétisfée ou étendue, mais recon-
noisfable. On lui a mis un voile de gaze
qui l'enveloppe fans la cacher. Qu'Apollon ait un manteau d'or-maffif ou de foie,
c'est toujours Apollon.

CETTE identité qu'un fimple déguife-
ment n'a pu faire disparoître, est la caufe
d'une espece de fatiété qu'on éprouve en lifant Séneque de fuite. On en appelle à ceux
qui l'ont lu de la forte, et on ne craint
pas qu'ils refufent de convenir qu'ils ont
fenti, fouvent leur attention fe refroidir
fur ces penfées mifes et remifes plufieurs
fois fous leurs yeux. On les a banniet de

ce recueil: on n'y trouvera point ces retours qui glacent l'ame, et qui rebutent l'esprit au lieu de l'attacher.

Au reste Séneque ne se répete pas toujours ainsi à son désavantage. Quelquefois il reprend la même idée, mais il la termine d'un trait, si beau, si hardi, qu'en se rappellant la premiere qu'on avoit trouvé belle, elle ne semble plus qu'une ébauche, comparée à elle même revêtue de son nouvel ornement. Cette surprise est trop agréable au lecteur, pour qu'on ne lui ait pas présenté plusieurs modeles de ces pensées, dont la beauté rencherit sur elle-même.

Ce philosophe a traité la morale, la littérature, la politique, la physique &c. Il n'est au dessous d'aucun de ces sujets. Ses pensées sur tous ces points ont le même degré de finesse ou de profondeur, de vivacité ou d'éclats. Quelquefois ce n'est qu'un seul trait, mais qui répand une vive lumiere. On est forcé de se recueillir comme pour donner à l'ame le tems de fe pénétrer, de s'en enivrer. Quelquefois fes penfées fe préfentent dans le plus grand développement, avec toute la pompe de l'éloquence, ou toute la force du raifonnement. Alors l'esprit fe promene voluptueufement fur toutes les parties de ces tableaux dont, le coloris brillant releve encore la beauté des formes et des proportions.

Ce qui étonnera fans doute, c'est que Séneque qui a, peut être, le plus contribué à corrompre la langue de Ciceron, de Virgile et d'Horace, parle de Littérature en Quintilien, et donne d'excellentes régles de goût; comme les penfées fur l'éloquence, la déclamation, le ftyle, pourront en convaincre. Le goût fubfisteroit-il dans la fpéculation longtems après que fes principes ont été oubliés dans la pratique? Dépendroit-il des mœurs et des opinions générales de la Société? Le précepteur de Neron est de ce fentiment. Selon lui une nation depravée ne peut avoir qu'un langage altéré et corrompu. Mais pourquoi chez cette nation, le petit nombre de ceux qui ont réfisté au débordement des mœurs en ont ils emprunté les vices du langage? Est-il plus facile de conferver un cœur vertueux qu'une langue épurée au milieu d'une focieté pervertie? Pourquoi la même expresfion est-elle d'autant plus timide, d'autant plus fcrupuleufe, l'oreille d'autant plus fusceptible que les défordres font plus hardis et plus communs? Ces problêmes bien réfolus pourroient jetter un grand jour, fur les caufes de la décadence du goût et des langues. Mais les bornes qu'on s'est prescrites dans cet avertisfement ne permettent pas de s'occuper de ces recherches.

Un auteur très avantageufement connu (*) a dit quelque part que l'homme peut

____

(*) Mr. Marmontel. On croit que c'est dans fon article *Vraifemblance* du fupplément à l'encyclopédie.

imaginer des êtres d'une stature gigantes-
que et colossale, par ce que la pensée
peut étendre la matiere à son gré ; mais
qu'à ces corps, quelque grands qu'on
veuille les supposer, il lui est impossible de
donner une ame au dessus de la sienne,
une intelligence moins bornée que celle
qu'il a reçue lui même de la nature. Il en
excepte néanmoins le Satan du Tasse et
de Milton, auquel ces deux grands poetes
ont créé une ame surnaturelle, et digne,
s'il est permis de parler ainsi, de se mesu-
rer avec le Tout-puissant. Il semble
qu'il pouvoit en excepter encore, mais
dans un sens contraire, le sage des
stoïciens, ce chef d'œuvre de l'imagination
et de la philosophie. Séneque dans le
grand nombre de peintures qu'il en fait,
l'éleve infiniment au dessus de l'homme vulgaire, mais pour montrer la grandeur même de l'humanité. Il le peint l'émule,
l'égal des Dieux, non pour usurper leur
puissance, mais pour atteindre sur leurs

traces au faîte de la perfection. Quel tableau! quelle ame il a fallu pour le deffiner et l'achever!

On fait que ce fage du portique est mis par quelques uns au rang des chimeres enfantées dans les accès du délire. Mais qu'il est beau de peindre l'homme plus grand qu'il n'est, pour le rendre aussi grand qu'il peut être! Lorsque Ciceron donna l'exiftence à fon *Orateur*, il fentit que dans toute la durée des fiecles la nature ne produit peut-être un feul homme doué de toutes les qualités éminentes, qu'il a dispenfées fi libéralement à cet enfant de fon imagination. Mais il favoit aussi que les races futures ne verroient pas l'asfemblage de ces qualités fans en acquérir plufieurs. C'étoit un homme qu'il mettoit à discretion auprès d'une montagne d'or, non pour qu'il l'emportât toute entiere, mais pour qu'il en prît autant que fes forces le lui permettroient. De même le fage dont il s'agit, fût-il hors des limites de la nature, et il n'y est pas selon Séneque, puis qu'il a existé dans Hilpon de Megare, dans Caton; son image seroit toujours digne d'admiration. Il seroit impossible de la contempler sans desirer de lui ressembler en quelques points. Mais quoi! Le sage du portique un être de raison! eh! ces grands hommes qui l'ont imaginé, qui en ont pris les traits en eux mêmes, qui en ont trouvé le modele en eux seuls, étoient-ils aussi des êtres chimériques, des enfants du délire! croyons que toute l'espece humaine n'est pas condamnée à ramper avec le vulgaire. Dans le même vaisseau, il y a de la lie et du malvoisie. Le spectacle de quelques hommes supérieurs console du grand nombre de ceux qui sont la honte de l'humanité.

On a rassemblé ici beaucoup de traits de ce grand tableau. On ôse assurer qu'il fera peu de lecteurs qui ne sentent leur ame s'agrandir à la vue de ces traits vraiment héroïques.

Ce que l'on vient de dire suffit pour donner une idée de celles des pensées de *Séneque* qu'on a réunies dans ce recueil. On conviendra généralement que leur beauté et leur profondeur sont encore relevées par la grandeur des objets. Mais il est des esprits qu'une longue possession engourdit, qui veulent qu'on dénature tout pour donner à tout un air de jeunesse et de nouveauté ; que le plaisir même ennuye, dégoûte, dès qu'on en peut estimer la durée. Ces esprits variables et dédaigneux ne manqueront pas de dire que ces pensées sont belles mais depuis dix-sept siecles. On leur répondra : il y a plus longtems encore que la puissance, les dignités, les richesses, les pierreries ont des attraits pour tous les hommes, ne les recherche-t-on pas avec la même ardeur que si la possession en étoit nouvelle. Il en est de même du beau dans tous les genres, depuis la renaissance des arts : c'est trop peu, depuis trois mille ans on voit le Laocoon, et on le voit toujours avec des yeux de furprife et d'admiration. Il eſt des gens qui depuis vingt ans ont vu chaque jour la colonade du Louvre, et elle n'a pas cesſé d'être un chef-d'œuvre aux regards même de l'habitude: la vraie beauté fe foutient d'elle même; il n'y a que le joli qui ait befoin de l'attrait de la nouveauté. Les anciens réveillent toujours en nous l'idée du grand, on diroit presque de la perfection. Le tems n'a rien fait perdre aux charmes de leur esprit. C'est toujours d'eux que nous apprenons à penfer. Leurs idées, antiques, ufées tant qu'on voudra, font toujours le type, le germe des nôtres.

Un Ouvrage bien propre à rabattre l'orgueil des modernes, feroit un paralelle exact de leurs penfées avec celles des anciens. Il feroit tomber une infinité de masques. On y verroit par exemple que les ouvrages de Séneque font une source où beaucoup d'ecrivains ont puifé fans trop de re-

reconnoissance. Cette éloquente invective contre les sciences et les arts, couronnée par une académie, que l'on admire sans la croire, c'est notre philosophe qui en a fourni les principaux traits dans ses lettres. Ces ouvrages où l'on a tracé les prérogatives et les limites de la puissance, où l'on a fixé les devoirs des Rois et des sujets, on en trouve le fond dans celui de la clémence de Séneque. Le fameux *traité des délits et des peines* que l'Europe entiere a admiré et qui ne lui a pas épargné une goute de sang, si ce n'est dans une ou deux petites principautés, on en a puisé les principes dans le même auteur. Que l'on parcoure les écrits consacrés à défendre la providence divine, on y reconnoîtra les mêmes armes dont Séneque se sert dans sa piece sur ce grand sujet. Et ses pensées ont vieilli! Oui: mais de la vieillesse de cette femme qui allioit, le siecle dernier, la beauté à la philosophie; de cette vieillesse qui enchante, qui allume encore une vive passion. Un champ est-il dédaigné du laboureur, parce qu'il y a longtems qu'il est fertile ? Non : il le revoit au contraire avec plaisir. Il se rappelle avec reconnoissance qu'il a contribué à sa fortune, et qu'il est encore prêt à combler ses vœux. Il en est de même des écrivains de l'antiquité qui se sont distingués par la fécondité de leur imagination, par l'abondance et l'énergie de leurs pensées, tels que Séneque, Tacite &c. Ce sont des champs que l'on moissonne depuis près de 18 siecles, et où l'on puise sans cesse de nouvelles richesses.

Il est un autre reproche mieux fondé en apparence, qu'on peut faire en général à ces sortes de recueils, et par conséquent à celui-ci. On y a rassemblé, dira-t-on, tout l'esprit de Séneque ; il y est grand ou agréable par tout ; on le présente dans un éclat qui étant toujours le même, deviendra indifférent à la longue. C'est un palais magnifique, mais que celui qui l'habite

ne regarde plus au bout de fix mois. Une
masſe toujours ſubſistante de lumiere,
une ſuite de beautés qui ſe ſuccéderoient
ſans interruption, frapperoient d'abord
les yeux, et ne tarderoient pas à les
fatiguer. La nuit doit remplacer le
jour. Il faut des ombres dans un
tableau; on l'a dit tant de fois. Enfin
un des derniers écrivains de Rome,
Pline, diſoit d'un orateur de ſon tems qu'il
n'avoit qu'un défaut, celui de n'en point
avoir.

Voila l'objection dans toute ſa force.
On va tâcher d'y répondre par ordre.
L'esprit d'un auteur rapproché, ramasſé
dans un moindre espace, ne reſte pas, ſi
on peut parler ainſi, dans la même atti-
tude. Sans cesſe en action, il ſe modifie
diverſement, et cette variété n'est pas
ſans agrément. Si cet auteur est toujours
grand, toujours brillant, il ne l'est pas
de la même maniere. Il prend une multitude de formes. Son génie ſe plie aux circon-

ftances, à la nature des objets, et l'on conçoit que ces différences en mettent entre les productions pour les garantir des atteintes de l'uniformité. Elles font toutes belles, grandes &c., mais dans les rapports, dans les caracteres, dans la physionomie qui les diftinguent entre elles.

La comparaison d'un écrivain préfenté dans tout ce que fes ouvrages ont de plus beau, avec un palais orné de dorure et d'autres ornemens du meilleur goût, et dont un maître indolent n'est plus touché après une certaine jouiffance, n'est rien moins qu'exacte. On parcourt une fuite de belles penfées fur divers fujets, fans fatiété, parce que le beau n'est plus le même, dès qu'il a changé d'objet, et que ce feul changement fuffit pour foutenir l'attention et piquer la curiofité. Mais la vanité de l'homme faftueux, d'abord flattée par l'éclat de l'or, s'éteint en ne voyant toujours que de l'or. Cette paf-

fon' aime à varier ſes alimens. Voilà
pourquoi le magnifique paſſe auſſi ſouvent qu'il le peut d'une demeure à l'autre.
Par là il cherche autant à écarter de ſes
yeux une monotone ſomptuoſité qu'à ſe
fuir ſoi-même. Le faste et la richeſſe qui
ſe montrent à lui ſous diverſes formes,
perdent ce qu'ils ont d'inſipide dans le même palais quelque ſuperbe qu'il ſoit.

Vn ciel ſerein vu pendant longtems n'a
rien qui déplaiſe. On aime à réunir enſemble par la penſée tous ces beaux jours.
On ne ſe rappelle qu'à regret les nuits qui
en ont interrompu la durée. Le Soleil
en ſon midi est le plus beau ſpectacle de
la nature. Les peuples qui habitent les
contrées meridionales et ſous l'équateur, le
voient pluſieurs jours de ſuite et même
pendant pluſieurs mois, et leur enthouſias-
me va juſqu'à l'Idolatrie. Si ces derniers
cherchent à ſe garantir de ſon ardeur,
c'est moins comme corps lumineux et
éclatant qu'ils le fuyent, que comme un

torrent embrasé qui brûle eux et tout ce qui les environne. Les beautés qui dépendent de l'esprit sont une lumiere qui, semblable à celle du *Soleil*, est toujours agréable par elle même.

Les ombres sont des parties essentielles, intégrantes de la peinture ; on ne peut pas dire la même chose de ce qu'il y a de foible, de médiocre dans une composition littéraire. Les ombres donnent du relief aux couleurs et préparent un plaisir sensible à l'œil dans le mélange et la dégradation des teintes. Les inégalités, les inadvertences, le sommeil de l'esprit, sont des défauts réels qui blessent plus ou moins un jugement sain, et le bon goût. D'ailleurs on connoît des Galeries célebres par la réunion de plusieurs chefs-d'œuvre de peinture ; On connoît des riches collections de tableaux du plus grand prix. Qu'on se transporte dans les unes et dans les autres, on n'y verra qu'un assemblage de beautés continues. Mais quand cessera-t-on d'en

être ravi, de les contempler avec enthousiasme? Se lasferoit-on plutôt d'une fuite
de belles penfées, que d'un choix de beaux
tableaux?

La critique faite par Pline de cet orateur
qui n'avoit que le défaut d'être fans défaut, ne doit pas être prife dans un fens
trop général. S'il étoit poffible qu'un
homme eût un esprit égal et parfait, ce
ne feroit asfurément pas un défaut. Cet auteur latin avoit en vue ces hommes médiocres qui pasfent leur vie à compasfer,
polir, retoucher leurs froides compofitions.
Incapables de produire des beautés, ils
croient y fuppléer en effaçant jusqu' aux
moindres taches, en cachant leur ineptie
fous un travail pénible et fuperflu. Pline
fe moque de ces petits esprits qui ne peuvent tomber par la feule raifon qu'il n'ont
pas la force de s'élever. Vous ne faites
jamais mal, femble-t-il leur dire, parce-
qu'il n'est pas en votre pouvoir de jamais
bien faire. Ce trait ne peut donc pas re-

garder ces hommes célebres qui ont donné des preuves multipliées d'un beau génie. On ne peut donc pas l'appliquer non plus au recueil de ce qu'ils ont fait de plus estimable. En confidérant ces beautés, on fe rappelle à la fois la fource d'où elles ont été tirées, et ce qu'on y a laiffé comme moins brillant et moins curieux. L'Entendement rapproche en fecret les unes des autres, comme pour juftifier le choix qui a été fait des premieres. Par là il remplit en quelque forte les lacunes. On ne peut donc pas dire que les beautés foient fans défauts. Ceux-ci à la verité ne font pas fous les yeux, mais ils font préfents à l'esprit. La vue des plus belles parties d'un grand édifice, n'empêche pas l'attention de fe porter fur les moindres, fur ces détails peu importans qui fervent, non à embellir mais à lier l'enfemble.

On s'est un peu étendu fur cette objection, parce que tous les jours on entend des cenfeurs fe récrier contre la

manie des Esprits, c'est-à dire de ces re-
cueuils où l'on présente ce qu'un écrivain
distingué a pensé de plus profond, de
plus philosophique et de plus nouveau. Il
est certain néanmoins que c'est apprendre
à connoître un auteur dans le moins de
tems possible; qu'il en est qu'on ne pourroit jamais lire entierement, soit parce
qu'on prendroit une peine inutile, soit par
ce qu'ils font trop volumineux. Par cette
double raison on n'ose en entreprendre,
et ce qu'ils ont fait de mieux, souvent de
très important, reste ignoré. On l'a déjà
dit quelque part, l'Esprit humain en beaucoup de genres a plus besoin d'être resserré
qu'étendu. Il n'est plus possible de le suivre dans la multitude innombrable de ses
productions. Des foyers qui rapprochent
ses rayons, lui font plus nécessaires, que
la liberté répandue et qui le rend insensible, pour ainsi dire, dans le vague de l'espace. C'est un arbre immense qui s'accroît
depuis des milliers de siecles, et qui est

écrasé sous le poids de ses branches; il faut se hâter de l'élaguer pour lui rendre sa vigueur; dans les années d'abondance où les denrées sont à vil prix on a imaginé d'en réduire quelques - unes à leurs principes les plus actifs & les plus purs. Cet art en augmente les qualités et les avantages. Pour quoi dans un siecle où les ouvrages d'esprit se multiplient sans mesure ne seroit-il pas avantageux de les analyser, pour n'en présenter que les extraits essentiels ? Le moyen d'ignorer beaucoup de choses c'est d'en avoir beaucoup à apprendre. Mais revenons au philosophe romain.

S'il a été un modele dans diverses parties de la saine morale; il a servi quelquefois d'autorité à l'erreur, par exemple dans ses déclamations contre les sciences et les arts, où comme son éloquent émule, il a pris l'abus qu'on peut faire, pour leur effet nécessaire ; dans ses apologies du suicide, où il n'a eu de nos jours que trop d'imitateurs. On doit en conclure que fon livre est une excellente mine ; mais que les métaux y font mêlés avec beaucoup d'alliage ; qu'un choix de ces métaux tel que celui-ci est une espece de creufet qui les dégage de ces matieres abjectes, et leur rend toute leur pureté, tout leur prix.

D'ailleurs la bonne éducation confiste, comme tout le monde fait, à former le cœur aufli bien que l'esprit. On ne dirige le premier que par des principes qui y font naître ou qui fortifient l'amour du bien et de la vertu. Après les livres faints, il n'en est point où l'on trouve une morale plus pure que dans les ouvrages de Séneque. Il deviendroit un auteur claffique, fi jamais on venoit à bout de perfuader aux inftituteurs, qu'un bon cous de morale est un peu plus nécesfaire à la jeunesfe, que ceux où l'on lui enfeigne avec appareil de brillants à-peu-près. Or comme on l'a déjà dit, tout n'est pas bon à lire dans Séneque. Les maîtres feroient obligés de faire

un choix, travail pénible et qui leur enle-
veroit un tems précieux. On leur offre ce
choix tout fait, et on ôfe aſſurer qu'il ne
leur laiſſera rien à déſirer.

Il ne reſte plus qu'à expoſer en peu de
mots la méthode qu'on y a ſuivie : on
s'est attaché à couper les phraſes avec cette préciſion qui donne le ſens entier, ſans
diminuer l'éclat de la penſée. Il en est qui
ne ſont que des traits qui jailliſſent comme l'éclair. Il ne faut que quelques mots
pour les exprimer, d'autres marchent pour
ainſi dire d'un pas majeſtueux, *inceſſu Dea*:
leur beauté noble ſe développe dans une
ſuite d'expreſſions fortes, harmonieuſes
et pittoresques: En retrancher un mot c'eût
été détruire le bel enſemble: d'autres ſuf-
fiſamment énoncées ſont ſuivies de longs
développemens qui en ôtent le nerf. On
a eu ſoin de ſupprimer ces détails ſuperflus. Quelques-unes pour être entendues
auroient eu beſoin qu'on rapportât trop
au long ce qui précede et ce qui ſuit. On

s'est permis de les coudre enfemble, mais
en confervant les termes de l'auteur, et
furtout en prenant garde d'en altérer l'é-
nergie. On n'a fait que rapprocher ces couleurs trop féparées, pour en former une
image plus frappante.

Quelquefois l'idée de l'auteur est en
récit, ou en dialogue. Alors on ne s'est
point fait de fcrupule d'en changer le mode, de la généralifer, pour la réduire en
maxime. Quelquefois elle tire fa force
d'allufions à des ufages ou à des traits d'histoire: dans le premier cas on a inféré ces
particularités entre deux [ ].

Dans le fecond on a cité ausfi entre ces
deux marques le nom du perfonnage quand
il a fuffi, ou le fait lui même. On s'eft déterminé à ces légeres intercalations, et parce qu'elles font rares et parce qu'elles ont
difpenfé de charger le bas des pages de notes
qui ne fatisfont le plus fouvent la curiofité
qu'aux dépens de l'attention dûe au corps
de l'ouvrage. Ce n'eft pas qu'il eut été

posſible de n'en employer aucune. Elles ont quelquefois été indispenſablement né-cesſaires, mais on a été très économe, et à peine en trouvera-t-on trois ou quatre dans ces deux volumes.

On n'a point ramené les matieres à cer-tains chefs, comme on le pratique dans ces ſortes de recueils. Ce plan peut a-voir quelques avantages, mais la mono-tonie fastidieuſe qui en réſulte, les a bien fait oublier. Un certain ordre ne dédommage pas toujours du plaiſir dont il prive. La ſuite des ouvrages voilà l'or-dre qu'on a préféré. Par là on promene agréablement le lecteur d'objets en objets dont la variété est un aiguillon pour l'ame.

Plus Séneque est fécond en belles pen-ſeés, plus il est digne d'être cité. Auſſi voit on des gens de lettres ſe faire honneur de s'appuyer de ſon autorité, et enrichir leurs écrits de pluſieurs de ſes paſſages. Mais la mémoire ne les fournit pas tou-

jours ces paſſages. Il faut ſouvent feuil-
leter longtems avant de tomber ſur celui
dont on a beſoin. Pour leur épargner ces
longues recherches, ils trouveront, à la fin
du ſecond volume une table où les objets
ſeront rangés ſous leur nom, comme vertu, morale, ſageſſe, vice, corruption &c,
avec les chifres des pages où il ſera
mention de chacun d'eux. A l'aide de
cette table tous les articles s'offriront
d'eux mêmes et l'on n'aura pas à es-
ſuyer, en liſant, le dégout de l'uniformité. Par là encore ce recueil ſera une
espece de concordance, un répertoire d'é-
rudition.

Les anecdotes entremêlées dans les penſées, non ſeulement, leur ſervent de
preuves pour l'ordinaire, mais encore
détendent l'esprit par le changement de
ſcene ; et ſoutiennent, raniment ſon
activité par d'utiles diſtractions. Cependant, pour ne pas tomber dans des redi-
tes, l'on n'a rapporté que les moins con-

nues et les plus intéreſſantes de ces a.necdotes. Quant aux portraits, ils ſont tracés d'une main vigoureuse et hardie; ce ſont des modeles d'une compoſition fiere & male qui acheveront de faire connoître l'ame de Séneque. Mais quelques beaux qu'ils ſoient on n'en a point été prodigue. Ce qui est beau n'est pas placé partout. L'attention ſe refroidit au plus magnifique ſpectacle dès qu'il ſe reſſemble.

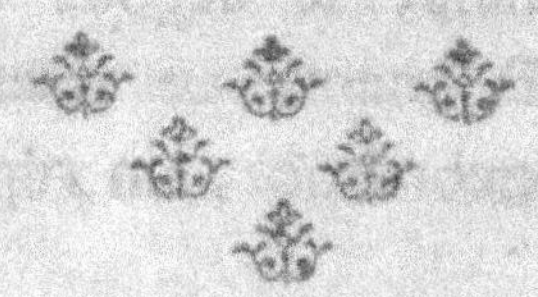

PENSÉES MORALES

LITTERAIRES et PHILOSOPHIQUES

DE

SENEQUE

LE PHILOSOPHE.

LETTRE à LUCILIUS.

LE tems qu'on vous enlevoit, qu'on vous déroboit, qui vous échappoit ; il faut le recueillir & le garder, n'en doutez pas : on nous ravit le tems, on le surprend, nous le laiſſons aller : & pourtant la perte la plus honteuſe est celle qui vient de notre négligence.

Songez-y bien : une partie de la vie ſe

A

paſſe à mal faire; la plus grande à ne rien faire; la totalité à faire autre choſe que ce qu'on devroit.

Trouvez-moi un homme qui ſache apprécier le tems, estimer les jours, & comprendre qu'il meurt à chaque inſtant.

Notre erreur est de ne voir la mort que devant nous : elle est derriere, en grande partie; tout le tems paſſé, elle le tient.

Ramaſſez toutes les heures : Saiſiſſez vous du préſent : Vous dépendrez moins de l'avenir. La vie ſe paſſe à la remettre.

Tout le reſte est d'emprunt, le tems ſeul est à nous. Cet être fugitif qui s'envole est la ſeule poſſeſſion que la nature nous ait aſſignée; encore nous en dépouille qui veut. Hé bien! telle est la folie des hommes; des objets chétifs, mépriſables, dont la perte du moins est réparable, on ſe croit obligé pour les avoir obtenus: a-t-on reçu du tems, on ne croit rien devoir; c'est cependant la ſeule dette que la reconnoiſſance même ne peut acquitter.

Tout le monde excuſe les gens ruinés

ſans leur faute , perſonne ne les aſſiſte.

Je n'apelle pas pauvre celui qui ſe contente du peu qui lui reſte.

L'économie n'eſt plus de ſaiſon , quand le
vaſe eſt à la fin : au fond du tonneau la
quantité eſt moindre et la qualité pire.

Les voyages, le changement , tous ces
déplacemens ne ſont que l'agitation d'un
eſprit malade , le premier ſigne du calme
intérieur, c'eſt de ſe voir, ſe fixer & reſter
avec ſoi.

Mais prenez-y garde, la lecture de cette foule d'auteurs & de volumes de toute
eſpece , pourroit bien tenir un peu de la
vie errante & agitée. . . . . Voulez vous
que l'étude laiſſe dans votre eſprit des
traces durables? bornez-vous à quelques
auteurs pleins de génie, & nourriſſez-vous
de leur ſubſtance. Etre par tout c'eſt n'être
nulle part. Une vie paſſée en voyages procure beaucoup d'hôtes & pas un ami. Il
en eſt de même de ces lecteurs précipi-
tés qui, ſans prédilection pour aucun écrivain , parcourent à la hâte tous les livres.
Les aliments ne ſauroient profiter quand

II.

ils font rejettés aussitôt que reçus: rien
de si contraire au rétablissement de la santé que de changer continuellement de remedes; une plaie ne se ferme pas, quand
on y applique tous les jours de nouveaux
appareils, un arbre souvent transplanté
n'acquiert pas de force; les choses les
plus utiles ne peuvent l'être en passant.
La multitude des livres est une distraction
pour l'esprit: n'en pouvant donc lire autant que vous pouvez vous en procurer,
n'en ayez qu'autant que vous en pouvez
lire. . . . . Goûter d'une foule de mêts annonce un estomac blâsé; cette varieté d'a-
liments produit plus de corruption que de
nourriture. Que les écrivains les plus
estimés soient donc la base de vos lectures: revenez-y toujours après les diversions
que vous vous serez permises: acquerez
chaque jour quelque ressource contre la
pauvreté, contre la mort, contre les autres fléaux; de la foule d'objets que vous
aurez parcourus, recueillez une maxime
pour en faire la nourriture de votre journée.

La pauvreté contente, est dit Epicure,

une chose honnête. Mais elle n'est plus pauvreté dès qu'elle est contente : s'accommoder avec la pauvreté c'est être riche ; l'on est pauvre non pour avoir peu, mais pour désirer davantage : qu'importe ce qu'enferment vos coffres & vos greniers, & la multitude de vos troupeaux & de vos rentes, si vous convoitez le bien d'autrui, si votre avarice calcule moins l'argent acquis que l'argent à acquérir ?

Quelle est donc la borne de la richesse ? c'est d'avoir d'abord ce qu'il faut, ensuite autant qu'il faut.

Le mot d'ami n'est dans notre bouche III.
qu'une expression bannale, comme le titre *d'homme de bien* pour les candidats, & celui de *Monsieur* pour le premier venu dont on ne se rapelle pas le nom.

Regarder quelqu'un comme ami, & n'avoir pas en lui la même confiance qu'en soi ; c'est étrangement s'abuser, c'est ignorer l'étendue de la véritable amitié.

Que votre ami soit le confident de toutes vos délibérations, mais qu'auparavant il en ait été l'objet.

De la confiance après l'amitié formée ; du discernement avant de la former. C'est confondre les devoirs. . . . . . que de s'engager sans connoître, pour rompre quand on connoîtra.

Réfléchissez long-tems sur le choix d'un ami ; une fois decidé que toutes les portes de votre ame lui soient ouvertes ; pas plus de réserve avec lui qu'avec vous-même.

Vivez sans doute de façon à ne rien faire que ne puisse savoir même un ennemi ; mais il est des choses dont l'image prescrit le secret, dans ces cas vous répandrez tous vos chagrins, toutes vos pensées dans le sein de votre ami. Croyez le sûr, il le sera : souvent on enseigne à tromper, en craignant de l'être ; la défiance autorise l'infidélité.

Il y a des hommes qui publient dans les carrefours ce qui doit n'être confié qu'à un ami, qui se déchargent sur le premier passant du secret qui leur pese : d'autres craignent de s'ouvrir à leurs amis les plus chers ; ils ensevelissent leur secret

au fond de leur ame , & s'il étoit possible , ils se le cacheroient à eux mêmes.
Evitez ces deux défauts , se fier à tout
le monde, ne se fier à personne sont deux
excès : il y a plus d'honnêteté dans l'un,
plus de sureté dans l'autre.

On blâme & l'homme toujours en mouvement , & l'homme toujours en repos. Ne
se plaire que dans le tumulte , ce n'est
point activité, mais délire & convulsion ;
regarder tout mouvement comme une fatigue, ce n'est pas du calme, mais de
l'assoupissement, de la léthargie.

Il y a des yeux dit Pomponius , *tellement
accoutumés aux ténebres , qu'ils voient trouble au grand jour.*

Il faut combiner ces deux états (le
mouvement & le repos); agir en se re-
posant, & se reposer en agissant, la nature vous diroit, si vous la consultez, qu'elle a fait le jour & la nuit.

Marchez du même pas , hâtez-le , s'il   IV.
est possible : vous jouirez plus long tems
de la réforme & du bel ordre de votre
ame. C'est jouir déjà sans doute, que

de rétablir l'ordre & la réforme: mais attendez vous à un plaisir d'une autre espece, au plaisir de contempler votre ame
sans tache & resplendisfante de vertus.
Nous ne sommes plus jeunes, mais nos
ames le sont; & pour comble de malheur
avec l'air imposant du vieil âge, nous
avons les travers de la jeunesse, nous
avons même les petitesses de l'enfance: la
jeunesse a des craintes frivoles, l'enfance
des craintes chimériques, & nous avons
toutes les deux.

Encore quelques pas & vous compren-
drez qu'il y-a des objets d'autant moins
terribles, qu'ils inspirent plus de terreur.
Un mal n'est pas grand, quand il est le
dernier des maux.

Doutez-vous que le courage puisse opérer,
ce qu'a fait l'excès de la crainte?

Plus de sécurité dans la vie, quand on
pense trop à la prolonger.

Pour vous résoudre à mourir de bon
gré, réprésentez vous cette soule de malheureux qui s'attachent à la vie, qui la
tiennent, pour ainsi dire, embrassée, com-

me on s'accroche dans un naufrage aux
racines & aux rochers ; flottants entre la
crainte de la mort & les tourments de la
vie, ils ne veulent pas vivre & ne savent
pas mourir.

Rendez vous donc la vie agréable en
cessant de vous en inquiéter. La possession ne peut plaire si l'on n'est resigné à
la perte : & la perte la moins terrible,
est celle qui ne peut être suivie de regrets.

Un enfant & un Eunuque disposent de
la vie de Pompée ; le Parthe insolent &
cruel, de celle de Crassus, Caius Cesar
livre la tête de Lepidus au glaive du tri-
bun Decimus, & la sienne tombe sous le
fer de Cherea. La fortune a beau élever
un homme, elle lui laisse toujours à craindre autant de maux qu'elle le met à portée d'en faire.

Défiez vous du calme, un instant voit
bouleverser la mer : Un jour voit échouer
les barques dans la même plage où on les
voyoit se jouer.

Sans parler des hommes puissants, il
n'y a pas jusqu'au moindre esclave qui

n'ait fur vous droit de vie & de mort.
Oui : quiconque méprife fa vie, est maître de la vôtre. . . . . . Que vous importe
donc la puiffance de votre ennemi ? le
pouvoir qui le rend fi redoutable, il n'y a
perfonne qui ne l'ait.

La vraie richeffe, dit Epicure, *est la
pauvreté reglée fur les befoins de la nature.*

Pour appaifer la faim & la foif il n'eft pas
nécesfaire de fe morfondre à la porte des
grands, d'esfuyer leurs regards dédaigneux, ou leur politesfe outrageante ; il
n'eft pas befoin d'expofer fa vie fur les flots
ou dans les camps. Ce que la nature demande est à notre portée, on l'acquiert facilement ; c'est pour le fuperflu qu'on fe
tourmente.

V.   N'allez pas à l'exemple de certains philofophes, moins curieux de faire des progrès
que du bruit, affecter dans votre extérieur ou dans votre genre de vie, des
fingularités qui vous fasfent remarquer,
un habillement fauvage, une chevelure
heriffée, une barbe en défordre, une aver-

fion déclarée pour toute argenterie, un lit étendu fur la terre, & mille autres voies détournées qui tendent obliquement à la confidération, vous devez vous les interdire. Eh! le nom de philofophe n'est déjà que trop odieux avec quelque modestie qu'on le porte. Que fera-ce, fi nous allons nous fouftraire à l'ufage? C'est par l'intérieur qu'il faut differer du peuple: par les dehors on peut lui ressembler.

N'aspirons pas à contrarier le vulgaire, mais à faire mieux que lui.

On ne veut nous imiter en rien, de peur d'être obligé de nous imiter en tout.

La Philofophie fe propofe de lier les hommes par un commerce d'idées, de bienveillance, de fecours mutuels; or la fingularité de notre extérieur nous féquestre de la focieté. Au lieu de l'admiration que vous recherchez, prenez garde d'encourir la haine & le ridicule.

Il n'y a qu'un débauché qui recherche la délicatesse; mais il n'y a qu'un fot qui refufe des mêts fimples & ordinaires.

La philofophie ne nous ordonne pas de

fouffrir mais d'être frugal ; or la frugalité s'accorde avec la propreté : il faut lui prescrire des bornes ; il faut que notre vie foit un mélange des bonnes mœurs & des mœurs publiques ; il faut qu'on l'admire & qu'on s'y reconnoiffe.

Il y a de la grandeur à fe fervir de vafes de terre, comme de vaiffelle d'argent ; Il n'y en a pas moins à fe fervir d'argenterie comme de terre. Ne pouvoir fupporter les richeffes est la marque d'une ame foible.

Ceffez d'efpérer, dit Hécaton, *& vous cefferez de craindre*. . . . . Le foldat & le prifonnier ne font pas unis plus étroitement par la même chaîne, que ces deux paffions fi disfemblables ; elles marchent du même pas, mais la crainte vient après l'efpérance. N'en foyez pas furpris, l'une & l'autre naiffent de l'irréfolution de l'ame, du trouble où l'avenir la jette.

Au lieu de s'acommoder au préfent on égare fes penfées dans le lointain : ainfi la prévoyance, le plus grand bien de l'homme, est changée en poifon.

Les bêtes fuient le danger quand elles le voient; & font tranquilles auffitôt qu'il est paffé; l'homme est victime & de l'avenir & du paffé. La multitude de fes facultés fait fon fupplice: la mémoire resfuscite les craintes, la prévoyance les anticipe, le préfent ne fuffit pas à nos malheurs.

C'est une marque d'amendement de re- VI. connoitre en foi des défauts. Que de malades on félicite de fentir leur mal!

La véritable amitié est celle que l'efpérance ni la crainte, ni l'interêt ne peuvent déraciner; est celle avec laquelle on meurt, & pour laquelle on confent de mourir.

Combien d'hommes ont manqué d'amitié plutôt que d'ami! mais quand deux cœurs font entraînés à s'unir par l'amour du bien, l'amitié ne fauroit leur manquer: & pourquoi? c'est qu'ils favent qu'entre eux tout est commun, à commencer par l'adverfité.

Je n'aime à apprendre que pour enfeigner, & la plus belle découverte cesferoit de me plaire, si elle n'étoit que pour moi.

Non : je ne voudrois pas de la sagesse même, à condition de la tenir enfermée en moi même. La possession n'est agréable qu'autant qu'on la partage.

Les conversations, le commerce de votre ami, vous en apprendront plus que les livres.

Vous le savez, on s'en rapporte plus aux yeux qu'aux oreilles ; La route des préceptes est longue, celle des exemples est plus courte & plus sûre.

L'ami de soi-même est l'ami de tous les hommes.

VII.   Il y a des convalescents tellement affoiblis par le mal, qu'ils ne peuvent prendre l'air sans accident. Nous sommes de même, nous dont les ames se remettent à peine d'une longue maladie. Le grand monde est nuisible à notre état ; sans le savoir on en rapporte le goût, l'empreinte, le vernis de quelque vice ; & plus la foule est nombreuse, plus le péril est grand.

Mais rien de si préjudiciable aux bonnes mœurs que la fréquentation des Specta-

cles. Alors le vice, à l'aide du plaisir se
glisse plus aisément. . . . . Les jeux ne
font que bagatelles. On veut l'homicide
pur. Plus d'armes défensives, nulle partie
du corps à l'abri du danger, nuls coups
portés à faux. Aussi préfere-t-on ce Spectacle aux combats ordinaires. . . . . Quel
plaisir en effet ? Point de casque, point
de bouclier. A quoi bon ces armures, cet
art de l'escrime ? à rien, qu'à retarder la
mort. Le matin les hommmes font expo-
fés aux lions & aux ours, à midi aux
fpectateurs. Ils viennent de terrasser un
monstre, ils vont l'être par un homme;
vainqueurs dans un combat, ils vont périr
dans un autre : le sort de tous les combat-
tants est la mort. L'instrument est le fer
& le feu, voilà comme on remplit les in-
termedes de l'arêne. . . . . On les pousse
au combat à coups de fouets, on les fait
courir le fein nud au devant des blessu-
res, le Spectacle est fini ? dans l'intervalle on égorge des hommes, pour ne pas rester oisif. Peuple féroce, ne fais-tu pas
que les mauvais exemples retombent fur
celui qui les donne ?

Il faut éloigner de la foule une ame
tendre & chancelante dans le bien : on
se range aisément du parti le plus nombreux. La vertu des Socrate, des Caton,
des Lælius, n'eût peut-être pas tenu contre une multitude corrompue ; & nous, qui
travaillons encore à régler nos penchants,
nous soutiendrions le choc du vice escor-
té de la foule ? Un seul exemple de Luxe
ou d'avarice fait beaucoup de mal : le commerce d'un homme de plaisir nous énerve
& nous amollit peu à peu : le voisinage d'un
riche irrite notre cupidité ; La compagnie
d'un méchant ternit l'ame la plus pure.
Que sera-ce donc si tout un peuple vous
livre un assaut général ? Il faut ou l'imiter
ou le haïr : mais ce sont deux extrémités
vicieuses, d'imiter les méchants parce que
c'est le grand nombre ; ou de haïr le grand
nombre, parce qu'il ne nous ressemble
pas.

Retirez vous en vous même ; recherchez ceux qui peuvent vous rendre
meilleur, recevez ceux que vous pouvez
rendre meilleurs. Ce sont deux choses
ré-

réciproques ; on apprend en enseignant.

Un seul homme est pour moi le peuple, disoit Democrite, *& le peuple un seul homme.*

Le peuple vous loue ? beau sujet de vanité, qu'un mérite senti par le peuple ! votre mérite c'est en vous même qu'on doit le trouver.

Fuyez tous les goûts du vulgaire, tous VIII. les dons du hazard. A l'aspect d'un bien fortuit arrêtez vous avec crainte & défiance, les poissons & le gibier sont comme vous, séduits par un appât. Des présents ! de la fortune ! on vous trompe, ce sont des pieges. Voulez vous mener une vie tranquille ? défendez vous de ces bienfaits captieux : sans quoi, (funeste erreur) vous croirez prendre & serez pris, malheureux ! cette course rapide vous conduit au précipice ; & la fin de votre élevation ne peut être qu'une chûte. D'ailleurs une fois abandonné au torrent de la fortune, plus de moyen de s'arrêter. Jouissez donc de ses faveurs, ou à leur défaut de vous même : en se conduisant ainsi on peut être courbé ou froissé par elle, mais non pas renversé.

Sachez que l'homme n'est pas moins à couvert sous le chaume que sous un toit doré. Dédaignez ces pénibles superfluités introduites pour la décoration: songez qu'il n'y a rien d'admirable que l'ame. Est-elle grande, rien ne sera grand pour elle.

Personne de plus occupé que les gens oisifs en apparence: ils sont les agents du ciel & de la terre.

Rendez vous l'esclave de la philosophie, dit Epicure, *& vous serez vraiment libre.* En se soumettant, en s'asserviffant à cette maîtresse, on n'attend pas, on est affranchi sur le champ ou plutôt la servitude même est la liberté. Combien de mots dans les poëtes, que les philosophes ont dits, ou dû dire! . . . . Combien de vers sublimes prostitués à des farceurs!

IX.   Le sage ne desire pas ce qui lui manque, mais il aimeroit mieux qu'il ne lui manquât rien. Si donc il se suffit, ce n'est pas qu'il veuille se passer d'amis, c'est qu'il le peut. En doutez vous?

voyez avec quelle fermeté il en soutient la perte : c'est qu'il n'en manquera jamais, il a des moyens pour en refaire sur le champ. Phidias perd une statue ? bientôt une autre la remplace. Aussi habile dans l'art de faire des amis, le sage ne tardera pas à remplir les places vacantes. Quel est donc son secret. . . . . *Voici*, dit Hécaton, *un charme sans plante, sans drogue, sans enchantement : aimez, on vous aimera.*

L'habitude d'une liaison ancienne a des douceurs : les premiers moments d'une amitié naissante n'en ont pas moins. Semer & moissonner sont deux plaisirs pour le laboureur : acquérir & posséder un ami, sont aussi deux jouissances pour le sage. Le Philosophe Attalus préféroit *l'ami à faire à l'ami déjà fait :* comme un peintre aime mieux composer qu'avoir composé son tableau. L'inquiétude & les soins de la composition inspirent une douce joie, au fort même du travail. Le plaisir n'est plus le même quand l'ouvrage a reçu la derniere main ; on ne jouit que des fruits de l'art :

en peignant on jouiſſoit de l'art même.
Dans un fils, l'adolescence offre plus d'utilité, l'enfance plus d'agréments.

La ſage ne cherche pas comme le dit
Epicure, (dans un ami) quelqu'un qui l'aſ-
ſiste dans la maladie, qui le ſecoure dans
la pauvreté ; mais quelqu'un à conſoler dans
la maladie, à délivrer d'une garde ennemie.
Ne voir que ſoi, ne ſe lier que par interêt,
c'eſt calculer très mal. On finira comme on a
commencé. L'on a pris un ami pour en
être ſécouru dans les fers ; au premier bruit
des chaînes, il ſuira. Ce ſont là des amitiés d'un moment ; formées par l'interêt
elles ne durent qu'autant qu'on y trouve ſon
compte. Autour des hommes opulents on
voit une foule d'amis ; autour des gens ruinés, une vaſte ſolitude. Les amis ſe dis-
perſent au moment de l'épreuve, délà tant
d'amis devenus par la crainte ou traitres ou
déſerteurs. Lié par interêt on trouvera
quelques motifs pour rompre, comme on en
a trouvé d'autres pour s'engager..... C'eſt
un trafic & non une amitié, que vos aſſo-
ciations intereſſées & calculées ſur le profit.

Sans doute l'amour reſſemble à l'amitié ; il en est pour ainſi dire la folie : mais a-t-on jamais été amoureux pour de l'argent, des places, de la gloire ? concentré en lui même, inſenſible à tout le reſte, l'amour n'excite dans les ames, qu'un deſir, celui de la jouiſſance, qu'un espoir, celui d'un retour de tendreſſe ; & d'une cauſe plus honnête, réſulteroit une affection honteuſe ?

Nous n'examinons pas ſi l'amitié doit être déſirée pour elle même ou pour d'autres motifs ; mais ſi, en la ſuppoſant deſirable par elle même, le ſage qui ſe ſuffit doit la rechercher. Eh ! comment la recherche-t-il ? comme une belle choſe, ſans nul espoir de gain, ſans nulle crainte de la fortune. C'est ôter à l'amitié toute ſa grandeur que de s'en pourvoir contre les événements.

Le ſage ſe ſuffit, cette maxime est mal interpretée ; on s'en prévaut pour bannir le ſage du monde entier, pour le concentrer en lui ſeul. Apprécions le ſens & l'étendue de cet axiome. Le ſage ſe ſuffit, pour vivre heureux, non pour vivre. Il a besoin pour vivre d'un grand nombre de ressources ; pour vivre heureux, il n'a besoin que d'une ame saine, droite, supérieure à la fortune.

Le sage ne manque de rien ; mais il a des besoins : au contraire l'insensé n'a pas de besoins ne sachant user de rien : mais il manque de tout. Le sage a besoin de mains, d'yeux, de mille autres choses nécessaires à ses besoins journaliers ; mais il ne manque de rien. Manquer suppose une contrainte, le sage n'en connoît point. Voilà dans quel sens il a besoin d'amis, quoiqu'il sache se suffire, il en veut le plus grand nombre possible, mais non pour être heureux, il le seroit même sans ami.

Le souverain bien n'emprunte rien du dehors ; il trouve dans l'ame toutes ses ressources, il ne vit que de lui même, & s'assujettiroit à la fortune, en s'incorporant aux objets extérieurs.

Mais si le sage, sans amis qui le consolent, est enfermé dans un cachot, délaissé dans une région inconnue, retenu par une

longue navigation, jetté fur une côte défer-
te; quelle fera fa vie? celle de Jupiter
aprés la diſſolution du monde: tous les
Dieux ſont alors confondus dans une feule
maſſe; & la marche de la nature demeure
quelque tems ſuspendue: le Dieu ſe repo-
ſe en lui même & s'entretient avec ſes propres penſées: comme lui le ſage ſe renferme en ſon ame, habite avec lui même.

S'il peut diſpoſer des circonſtances, il
ſe ſuffit & prend une femme; il ſe ſuffit
& donne le jour à des enfants; il ſe ſuffit
& ne vivroit pas plutôt que de vivre
ſeul.

Ce n'est pas l'intérêt, c'est une pente
naturelle qui le porte à l'amitié. Le beſoin d'aimer comme les autres beſoins eſt
inhérent à l'homme; il fuit la ſolitude, il
trouve des charmes dans la ſocieté; ſa
bienveillance naturelle pour ſes ſemblables,
est l'aiguillon qui l'excite à l'amitié. Le
ſage est donc très attaché à ſes amis; il
les égale, ſouvent il les prefere à lui même; mais ſon bonheur n'en fera pas moins
borné à ſon ame.

B 4

Il parlera comme Hilpon, (de Megare) après la chûte de sa patrie, la perte de sa femme & de ses enfants, au milieu de l'incendie général, il partoit seul, & pourtant heureux. Démetrius, surnommé *Poliorcetes* ou le *destructeur des Villes*, demande au philosophe, s'il n'a rien perdu; *tous mes biens*, dit il, *sont avec moi*. Voilà un homme ferme & courageux; il a triomphé de la victoire même de l'ennemi. *Je n'ai rien perdu!* C'étoit reduire Démetrius à douter de sa victoire. *Tout mes biens sont avec moi!* ma justice, mon courage, ma temperance, ma prudence, & sur tout l'avantage de ne pas regarder comme des biens tout ce qu'on peut m'enlever. On admire certains animaux qui passent impunément à travers les flammes: combien plus étonnant est l'homme qui du milieu des armes, des débris & des feux, s'échappe sans blessure & sans dommage! vous voyez donc qu'il est bien plus facile de vaincre un peuple entier qu'un seul homme.

Quiconque ne se trouve pas assez riche,

fût il maître du monde, est pourtant malheureux.

On n'est jamais heureux quand on ne croit pas l'être.

Quoi! cet homme enrichi par le crime; ce grand qui a moins d'esclaves que de maîtres, à votre avis, s'il se croit heureux, le fera donc? ne vous en rapportez pas à ce qu'il dit, mais à ce qu'il éprouve, à ce qu'il sent, non pas un jour, mais habituellement: ne craignez rien, une chose aussi importante que le bonheur, n'entre pas dans une ame qui en est indigne, le sage seul est content de son sort; la folie se dégoûte d'elle même; c'est là son châtiment.

Cratès voyoit un jeune homme se promener à l'écart, il lui demanda ce qu'il faisoit ainsi tout seul. *Je m'entretiens avec moi même*, répondit-il: *prenez y bien garde*, répartit le philosophe, *vous pourriez bien vous entretenir avec un méchant homme*

On surveille les gens affligés ou peureux, de crainte qu'ils n'abusent de la folitude; on ne doit pas non plus abandonner à eux mêmes les infenfés; c'est alors qu'ils méditent leurs desfeins pervers; c'est alors qu'ils trament leur propre ruine ou celle d'autrui; c'est alors qu'ils concertent les projets criminels que la bonté ou la crainte les forçoit à disfimuler: leur ame fe montre à nud, ils s'animent à l'audace, ils s'excitent à la débauche, ils s'aiguillonnent à la vengeance. L'unique avantage de la folitude, de n'avoir, ni confidence à faire, ni délateurs à craindre, est perdu pour l'infenfé; il fe trahit lui même.

Demandez aux Dieux un jugement droit, un esprit & un corps fain. Pourquoi ne leur adresferiez vous pas fouvent ces voeux? demandez hardiment, vous ne demanderez jamais le bien d'autrui.

On est vraiment délivré des pasfions, dit Athenodore, *quand on est parvenu à ne demander aux Dieux, que ce qu'on peut leur demander tout haut.*

Quelle est la folie des hommes! ils murmurent, à voix basfe, des voeux infâmes aux oreilles des Dieux. Dès qu'on les écou-

te ils fe... sent; ils n'oseroient dire aux hommes ce qu'ils disent aux Dieux.

Vivez avec les hommes comme si Dieu
vous voyoit; parlez à Dieu, comme si les
hommes vous entendoient.

La sagesse ne peut pas plus détruire les   XI.
défauts naturels de l'ame que ceux du
corps. Ces affections profondes & innées,
l'art les corrige, mais ne les déracine pas.
Il y a des hommes pleins d'assurance, que
la vue d'un peuple assemblé met en sueur,
comme pourroit faire la fatigue ou le soleil.
A quelques-uns au moment de parler en pu-
blici, les genoux tremblent, à d'autres, les
dents se mêlent, la langue s'embarrasse, les
levres se resserrent. La raison ni l'habitude
ne peuvent rien contre de pareilles émotions; c'est la nature qui fait sentir à l'homme son pouvoir, qui avertit même les plus
forts de leur foiblesse.

Il est une rougeur qui s'empare tout à
coup des personnages les plus imposants;
la flamme, la chaleur du sang, la finesse
de la peau la rendent plus sensible dans les
jeunes gens; elle agit néanmoins sur les

vieillards & fur les hommes les plus con-
fommés. Quelques-uns ne font jamais fi
redoutables qu'après avoir rougi, comme fi
la honte étoit partie avec la rougeur. Syl-
la ne fe pofsédoit plus lorsque le fang, lui
étoit monté au vifage. Rien n'étoit plus
fusceptible que la phyfionomie de Pompée :
il rougisfoit dans un cercle, à plus forte raifon dans une asfemblée. Quand Tabianus
entra comme témoin dans le fénat je me fou-
viens de l'avoir vu rougir ; & cette marque de candeur étoit convenable à un philofophe.

La rougeur vient non de la foiblesfe de
l'ame, mais de la nouveauté des objets, &
du défaut d'experience, elle produit dans
l'homme, fi non un ébranlement, tout au
moins une émotion pasfagere ; elle est aidée
par la dispofition naturelle du corps. Le
fang dans les uns est calme, dans les autres
bouillant, mobile, promt à fe porter au vifage.

La fagesfe auroit la nature à fes ordres,
fi elle extirpoit tous les vices. Ceux qui dépendent du tempérament & du mêlange des

humeurs subfisteront malgré les plus longs efforts de l'ame ; on ne peut ni fe les donner ni fe les ôter : Voyez les pantomimes, ils favent imiter les paffions, exprimer la crainte, l'effroi, la tristeffe : pour la honte ils ne peuvent que l'indiquer ; une voix baffe, des yeux fixés en terre, voilà toutes leurs reffources ; en vain ils tâcheroient de produire la rougeur fur leur vifage ; il leur est auffi impoffible de fe la procurer que de s'en garantir.

Il faut choifir un homme de bien ; ne le perdre jamais de vue, dit Epicure ; toujours vivre comme en fa préfence, toujours agir comme fous fes yeux.

On feroit peu de fautes, fi, au moment d'en commettre, on avoit un témoin. Il faut à l'ame quelqu'un qui lui en impofe, & dont l'autorité fanctifie jufqu'à fes penfées les plus fecretes. Heureux l'homme dont l'idée feule, fans qu'il fe montre, en corrige un autre ! Heureux encore celui qui respecte affez un autre homme, pour rentrer dans l'ordre, à fon fouvenir ! Avec un pareil respect on sera bientôt respectable.

Il nous faut un objet de comparaison, une regle sûre pour rectifier nos travers.

XII. Cherissons la vieillesse; jettons nous dans ses bras; elle a des douceurs pour qui sait en user. Les fruits sont plus recherchés quand ils se passent, & l'enfance plus belle quand elle se termine:.... ce que le plaisir a de plus piquant, il le garde pour la fin. Oui la vieillesse a des charmes, lorsqu'elle ne va pas jusqu'à la caducité. Je crois même qu'au bord de la tombe il y a des plaisirs à gouter; ou du moins (ce qui tient lieu de plaisirs) on n'en a plus besoin. Quel bonheur d'avoir lassé les passions, de les voir au loin derriere soi!

On n'est jamais assez vieux pour n'avoir pas droit de se promettre un jour: Or un jour c'est un dégré de la vie:

Représentez vous les différentes portions de la vie humaine sous l'image de cercles concentriques; un de ces cercles embrasse tous les autres; il renferme l'espace depuis la naissance jusqu'à la mort. Un autre termine les années de l'adolescence; l'enfance est resserrée dans le troisieme; vient ensuite l'année; elle comprend tous les espaces de tems qui, multipliés, composent le produit de tla vie. Le mois est circonscrit par un cercle moins grand. La circonférence du jour est la plus petite; c'est néanmoins un tout qui a son commenment & sa fin, du lever au coucher du Soleil.

Il faut chaque jour, comme s'il devoit consommer notre vie, fermer, pour ainsi dire, la marche de nos jours.

C. Pacuvius qui s'appropria la Syrie à titre de prescription, célebroit tout les jours ses obséques par des flots de vin & des repas funéraires : de la salle du festin des compagnons de débauche le portoient en pompe dans sa chambre: & un chœur de mille voix chantoit autour de lui: *il a vécu, il a vécu.* Il ne passoit pas un seul jour sans cette cérémonie funebre.

Recevons avec joie le lendemain si Dieu nous l'accorde. On est heureux, on jouit sans trouble de soi même, lors qu'on attend le lendemain sans inquiétude. Qui s'est dit le soir, j'ai vécu, dira le matin je gagne un jour.

Il est dur de vivre sous la nécessité ; mais il n'y a pas de necessité d'y vivre. Je veux que ces hommes accoutumés à jurer sur parole, à considérer moins le mot que l'auteur, apprennent enfin que ce qui est bon appartient à tout le monde.

XIII. On ne peut connoître ses forces qu'en voyant les périls autour de soi, en les voyant même près de soi. Voilà l'épreuve des ames nobles & nées pour l'indépendance ; voilà le creuset du courage, un athlete apporte au combat moins de confiance, quand jamais il n'a reçu de meurtrissures ; celui qui a vu couler son sang, celui dont les dents ont craqué sous le poing, celui dont la poitrine a gémi sous le poids du vainqueur, mais sans perdre courage, mais se rélevant chaque fois plus intrépide ; voilà l'homme qui descend plein d'espoir dans l'arêne.

Nous avons plus de peur que de maux : & la réalité nous tourmente moins que l'imagination.

Le

Le sage, où les autres pleurent & crient, ne voit que chimeres & bagatelles.

Je vous recommande une seule chose : ne soyez point malheureux d'avance. Ces maux que vous redoutez comme imminents, peut-être ne viendront pas, du moins ils ne sont pas encore venus.

L'on se tourmente ou trop, ou trop tôt, ou sans raison. On aggrave la douleur, on la suppose, on la prévient.

Comment distinguer si les objets de nos allarmes sont réels ou chimériques ? Voici la regle. C'est le présent qui vous tourmente, ou c'est l'avenir ou tous deux à la fois. Pour le présent nul embarras. Avez vous la liberté de vos membres, la santé ? n'éprouvez vous aucune injustice ? La suite deviendra ce qu'elle pourra ; il n'en est pas question aujourd'hui. Mais les maux à venir ! arriveront ils ? Où sont vos preuves ? c'est par là qu'il faudroit commencer. Au contraire nous sommes les victimes du moindre soupçon, les jouets de la renommée. La renommée décide du sort des guerres mêmes : que ne

peut-elle pas fur l'homme? oui nous vo-
lons au devant de l'opinion. Jamais nos
craintes ne font pefées : nous tremblons
trop pour tenir la balance. On a vu des
armées fuir à l'afpect d'un nuage de pouf-
fiere élevé par des troupeaux. On les
a vues faifies de terreur fur un bruit fans
fondement. Cette image eft la nôtre. Je
ne fais comment ce font les chimeres qui
nous caufent le plus de trouble. La réalité porte fa mefure avec elle : un malheur
vague ouvre un champ plus vafte aux
égaremens de la peur, auffi de toutes les
terreurs la plus funefte & la plus incura-
ble, est la terreur panique : les autres
font l'abfence de la raifon ; celle ci, l'abfence de l'ame.

Un malheur eft-il vraifemblable, il n'eft
pas vrai, pour cela. Combien d'événemens
imprévus qui arrivent ; combien d'attendus,
qui n'arrivent pas ?

La mauvaife fortune elle-même a fon
inconftance. Le malheur peut arriver ; il
peut ne pas arriver, tant qu'il n'exifte pas,
promettez vous un meilleur fort.

Plus de raifon de vivre, plus de terme à la mifere, s'il faut craindre tout ce qui peut arriver.

C'est à la prudence à discerner, au courage à rejetter les craintes même les plus fondées : du moins pouvez-vous corriger un vice par un autre, la crainte par l'espoir.

Ce que vous redoutez a beau être certain ; il eft encore plus certain que fouvent l'homme eft abufé par la crainte & l'espérance.

Confidérez la plupart des hommes: comme ils fe tourmentent, comme ils s'agitent! C'est que la premiere impulfion donnée on ne s'arrête plus : on ne réduit pas fes craintes à leur jufte valeur: on ne fe dit pas: voilà une autorité fufpecte, un délateur fourbe ou crédule ; on fe livre tout entier aux rapports ; une fois les bornes franchies, le doute fe change en certitude, & les foupçons en terreur.

Entre autres maux, la folie a cela de particulier: elle en eft toujours à commencer à vivre.

De toutes parts que voyez vous ? Des vieillards encore occupés d'intrigues, de voyages, de commerce ? & pourtant est-il rien de plus honteux qu'un vieillard qui commence à vivre.

Traitons le corps comme ne pouvant vivre sans lui, & non comme devant vivre pour lui.

XIV.   La vertu n'a plus de prix pour qui le corps en a trop.

Donnons des soins au corps, mais sans balancer à le jetter dans les flammes au premier signal de la raison, de l'honneur & du devoir : néanmoins autant qu'il est en nous, sauvons le même du mal-aisé, à plus forte raison du peril.

On craint la pauvreté, on craint les maladies, on craint la violence, de ces trois craintes, c'est la derniere qui donne à l'ame les plus fortes secousses, parce que la tirannie s'annonce avec bruit & fracas. Les maux naturels dont je parlois, l'indigence & les maladies, se glissent en silence, ne frappent d'effroi ni les oreilles, ni les regards. L'appareil de la tirannie est

plus redoutable, elle marche environnée de
fers, de feux, de chaînes, de bêtes féroces prêtes à vous déchirer les entrailles. Si
l'homme le plus invincible à la douleur, se
laisse vaincre par les yeux, de tous les objets de nos terreurs, le plus puissant est
celui qui a le plus de tableaux à montrer.

Le sage ne provoque jamais le couroux des grands. Il saura comme en pleine mer parer les vents & les écueils.

Un pilote imprudent brave les menaces
de l'Autan qui souleve les ondes, qui re-
foule la mer & la creuse en abymes : au
lieu de dériver à gauche il cotoye le rivage où Charybde forme ses gouffres : au
contraire un sage pilote consulte les gens
instruits, sur la direction des courants, sur
les prognostics des nuages, & vogue loin
de cette region décriée par les naufrages,
tel est le sage : il s'éloigne de ceuxdont
la puissance lui nuiroit ; mais avec la précaution importante de ne paroître pas s'é-
loigner. Une partie de la sûreté consiste à ne
pas montrer sa fuite. Fuir, c'est désapprouver.

Ne désirez pas les choses qui brouillent

deux concurrents : ne possédez pas celles qui enrichissent un ravisseur : faites espérer peu de dépouilles.

Il y a trois passions qu'un ancien précepte nous défend d'exciter ; la haine, l'envie, le mépris. Comment y réussir ? la sagesse peut seule vous l'apprendre, le milieu n'est pas facile à tenir : souvent la crainte de l'envie nous expose au mépris, & pour ne vouloir écraser personne, on paroît fait pour être écrasé soi même. Souvent aussi l'on trouve des sujets de crainte dans le pouvoir même de se faire craindre. Garantissons nous de toutes parts ; craignons également le mépris & l'admiration. Que la Philosophie nous serve de refuge.

La philosophie est une espece de sacerdoce, respecté des gens de bien, respecté même de ceux qui ne sont méchants qu'à demi. L'éloquence du barreau, les autres talents faits pour émouvoir le peuple, engendrent des rivalités. Au sein du repos, toute entiere à son objet, la philosophie n'a pas à craindre le mépris : tous les hommes, même les pervers, lui rendent hommage. Non, jamais la dépravation ne sera assez forte, ni la ligue contre les vertus assez puissante, pour empêcher la philosophie d'être vénérable & sacrée.

Le sage est aussi loin de heurter les mœurs publiques, que d'attirer les regards par la singularité de sa vie.

Qu'attendre de l'agitation des affaires, si le repos même n'est pas une sauve-garde ?

On voit périr des innocents ! oui, mais encore plus de coupables.

Le sage considére en tout le commencement & non la fin. Entreprendre dépend de nous ; réussir, de la fortune.

On ne jouit bien des richesses qu'en sachant s'en passer.

Qui a besoin des richesses craint pour elles, & la crainte est la mort de la jouissance.

La sagesse est la vraie santé : sans sagesse l'ame est malade. Quelque force que le corps puisse avoir, c'est la force d'un furieux & d'un frénétique. Occupez vous

X V.

donc d'abord de la premiere santé, puis de la seconde qui coûte peu, quand on ne veut que se bien porter.

L'ame perd son activité, elle succombe sous le faix de l'embonpoint, donnez moins d'étendue à votre corps & plus d'espace à votre ame.

Il est des exercices courts & faciles, propres à ouvrir les pores, & surtout à ménager le tems.

Quelque soit votre choix, revenez promtement du corps à l'ame; exercez la nuit & jour: elle se nourrit à peu de frais. Le froid, le chaud, la vieillesse même n'interrompent pas ses exercices. Donnez donc tous vos soins à un bien qui s'améliore en vieillissant.

Il faut du relâche à l'esprit, mais pour le détendre & non jusqu'à le démonter.

Vous ne négligerez pas non plus de fortifier votre voix, mais sans l'élever & l'abaisser par dégré & par des modulations régulieres. . . . . Quoi? dites vous, débuterai-je par les tons les plus hauts, par des cris? Il est si naturel de graduer la progreſſion de la voix, que les querelles mêmes commencent par le ton de la converſation, & ne s'élevent que par degrés, jusqu'aux clameurs. Ce n'eſt pas dès l'exorde qu'un avocat apoſtrophe le peuple. Suivez l'impulſion de votre ame, la portée de votre voix & de vos poûmons, & vous ſaurez prendre contre le vice, tantôt le ton véhément de la colere, tantôt le ton inſinuant de la perſuaſion. Songez ſeulement en ramenant votre voix de l'aigre au grave, qu'elle doit deſcendre & non tomber; être réglée comme l'ame du ſage, & non fougueuſe comme celle d'un ruſtre ignorant; car il s'agit moins d'exercer la voix que de s'exercer par elle.

La vie de l'inſenſé eſt inſipide, toute jettée dans l'avenir.

Ne regardez jamais le nombre qui vous précede ſans penſer à la foule qui vous ſuit. Voulez vous être content des Dieux & de votre ſort ? repréſentez vous la multitude que vous avez dévancée.

Ils s'évanouiront ces biens illuſoires, meilleurs à eſpérer qu'à poſſéder. S'ils avoient quelque solidité , ils rempliroient l'ame à la longue ; ils ne font qu'irriter la soif de qui s'en abreuve ; qu'attirer les regards. Quoi ! ces biens emportés par le courant d'un avenir incertain , aimerois - je mieux gagner fur la fortune de me les accorder , que fur moi de ne la pas demander ?

XVI.   Sans philofophie , il n'eft point de vie heureufe, pas même de vie fupportable : la vie heureufe eft le fruit d'une fageffe confommée, la vie fupportable, d'une fageffe commencée.

Il en coûte moins pour former un projet honnête, que pour l'exécuter.

Ne vous laffez pas d'étudier , d'accroître vos forces ; & vous changerez en habitude, ce qui n'eft encore que difpofitions en vous.

La philofophie n'eft pas un art populaire, une fcience de parade : elle confifte dans les chofes & non dans les mots : fa fonction n'eft pas d'aider à paffer agréablement les jours, de corriger la fadeur de l'oifiveté ; c'eft de forger & de façonner les ames, de diriger la conduite, de

regler les actions, d'enseigner à l'homme
ce qu'il doit faire ou omettre, d'être son
propre pilote, de le guider au milieu des
écueils de sa navigation.

Sans philosophie, point de sureté. Combien à chaque heure d'incidents qui exigent des conseils? c'est d'elle qu'il en faut
recevoir.

Soit que le destin nous plie sous son
joug inflexible, soit qu'un Dieu commande
en maître à l'univers, soit que le hazard
en seme les événements à l'aventure, cou-
vrez vous du bouclier de la philosophie.
Elle vous dira d'obéir à Dieu, de résis-
ter à la fortune, de vous résigner aux de-
crets de la Divinité, de supporter les coups
du sort.

Sachez guider & contenir les mouvements de votre ame, & ce qui n'est
qu'un élan, deviendra votre marche ordinaire.

*On n'est jamais pauvre quand on se
regle sur la nature*, dit Epicure ; *on
n'est jamais riche quand on se regle sur l'opinion.*

La nature défire peu, l'opinion défire tout. Qu'on enferme dans vos coffres les tréfors accumulés d'une foule de riches; que vos posfessions excedent la mesure des fortunes particulieres; foyez couvert de dorures, orné de pourpre, magnifique au point de cacher la terre fous vos marbres, & non feulement de posfeder de l'or, mais de le fouler aux pieds; ayez de plus des ftatues, des tableaux, tous les chefs-d'œuvre des arts de luxe : tant de biens ne vous apprendront qu'à défirer davantage.

Les défirs de la nature font bornés; ceux de l'opinion ne s'arrêtent jamais.

Le faux ne connoît aucunes limites; un chemin conduit à un but; les fausfes routes ne menent à rien.

Pour favoir fi vos défirs font factices ou naturels, voyez s'ils ont un terme. Après une longue route, vous reste-t-il encore à marcher : n'en doutez pas, vous êtes hors du chemin de la nature.

XVII. Marchez de toutes vos forces vers la perfection. Si quelque lien vous arrête dénouez, tranchez l'un ou l'autre.

Un coup d'œil superficiel vous montre l'utilité générale de la philosophie ; vous ne pénétrez pas les détails de ses bienfaits : vous ignorez même à quel point elle nous sert dans tous les cas ; à quel point (pour parler avec Cicéron) elle sait nous assister dans les grandes occasions, & s'abaisser à nos moindres besoins.

O ! combien d'hommes auroient été philosophes, sans l'obstacle des richesses !

Le pauvre n'a nul soin, nulle entrave. La trompette sonne ? il sait qu'on n'en veut pas à lui. L'alarme se répand ? il songe à s'évader, & point à déménager. Va-t-il se mettre en mer ? le port n'est pas frappé de cris. Le cortége d'un seul homme ne trouble pas le repos des rivages.

Point d'esclaves en foule autour du philosophe : peu lui importe la fertilité des régions d'outre-mer ; sans peine il peut rassasier quelques valets sobres par habitude, & dont l'unique désir est d'en avoir assez.

La faim est peu coûteuse ; c'est l'appétit blasé qui ruine.

Voulez vous cultiver votre ame? vivez pauvre, ou comme si vous l'étiez.

Sans frugalité l'étude est un poison: la frugalité est une pauvreté volontaire. Vous voulez amasser de quoi vivre! apprenez donc en même tems à amasser.

La pauvreté ne doit pas nous détourner de la philosophie, pas même l'indigence. La philosophie vous assure à jamais la liberté, vous ôte toute crainte des Dieux & des hommes.

Si vous avez quelque bien, étudiez sur le champ: qui vous a dit que vous n'en avez pas déjà trop? Si vous n'avez rien, la sagesse est ce qu'il faut acquérir, avant tout.

La philosophie est la représentation des richesses: elle les donne en les rendant inutiles.

Souvent l'acquisition est le changement & non le terme de la misere.

Il n'importe guere qu'un malade soit couché dans un lit d'or ou de bois: partout où on le transporte il emmene son mal avec lui. Ainsi une ame corrompue ne se trouve guere mieux de la richesse que de l'indigence ; son mal la suit par tout.

Le sage ne doit point se distinguer en XVIII. tout du peuple, ni lui ressembler en tout.

Il y a plus de sûreté à ne se laisser ni aller , ni entraîner vers les attraits de la volupté: il y a plus de courage à rester à jeun au milieu d'une foule ivre & crapuleuse ; plus de sagesse à ne se point séquestrer ni singulariser, à se mêler avec le peuple pour faire les mêmes choses , mais d'une autre maniere.

C'est dans le calme qu'il faut se préparer à l'orage; c'est dans la prosperité qu'il faut s'armer contre les coups du sort.

En pleine paix , sans ennemi en présence , le soldat fait des évolutions , plante des palissades, se fatigue par des travaux superflus, pour suffire un jour aux nécessaires.

Pour être rassasié on n'a pas besoin de la fortune : le nécessaire, elle n'oseroit le refuser, même dans son courroux.

Le panegyriste de la volupté, Epicure

lui même avoit des jours marqués où il impofoit à fa faim la diete la plus auftere, curieux de voir fi la plénitude de fon bonheur y perdroit quelque chofe, & fi cette perte étoit comparable aux peines de la débauche.

Quelle force d'ame de fe réduire volontairement à un état qui n'a pas à redouter la plus extrême indigence ! c'eft arracher à la fortune tous fes traits.

L'excès de la colere engendre la folie.

Ofe méprifer l'or & marche égal aux Dieux.

La colere s'enflamme contre toutes fortes de perfonnes ; elle naît de l'amour comme de la haine ; dans le férieux des affaires, comme dans la gayeté des jeux. Ses progrès dépendent moins de la caufe qui la produit, que de l'ame qui la reçoit : comme l'ignition tient moins à la quantité du feu, qu'aux matieres auxquelles il fe combine.

XIX. Ne cherchez pas la retraite comme un moyen de célebrité. Vous ne devez ni cacher la vôtre, ni en faire oftentation. . . . .

ne

ne l'indignez pas, mais souffrez qu'on l'apperçoive.

Vos clients n'aiment pas votre personne, mais les avantages qu'ils en espérent.

On vouloit autrefois des amis, on ne veut plus que des dupes.

Cet enchaînement nécessaire, cette succession éternelle, d'où resulte la fatalité, c'est l'emblême de nos désirs: la fin de l'un est la naissance de l'autre.

Plutôt perdre la tête que toujours la plier sous le joug.

Revenu à la vie privée, vous aurez moins, mais vous aurez assez.

La prospérité nous rend avides & nous expose à l'avidité des autres.

La hauteur même nous expose à la foudre.

Avant de chercher de quoi boire & manger, cherchez avec qui boire & manger.

Déchirer des viandes sans les partager avec un ami, c'est la vie des Lions & des Loups.

Quelle folie de chercher des amis dans

un vestibule, de les éprouver dans un festin!

Le plus grand malheur du riche est de se croire aimé des gens qu'il n'aime pas.

Souvent on hait à proportion qu'on reçoit: prêtez une petite somme vous aurez un débiteur; une plus grande vous fait un ennemi.

Quoi les bienfaits n'engendrent pas l'amitié? ils le peuvent, si le discernement les dirige, si on les place au lieu de les semer.

Considérez moins la chose à donner, que la personne à qui vous donnerez.

Vos paroles prouvez les par vos actions.

La philosophie n'enseigne pas à parler mais à faire; elle exige que chacun se conforme à sa regle, que les actions ne démentent pas les discours, que l'ensemble de la vie soit d'un même ton & sans discordance.

XX.   La plus grande preuve, le plus grand effort de la sagesse est de monter sa conduite à l'unisson du langage, de faire de l'homme un tout uniforme.

Le sage ne marche pas toujours du même pas, mais dans la même route.

On voit des gens borner la dépense dans leurs maisons & n'y mettre aucun frein en public: disparates vicieuses & qui décelent une ame chancelante & sans tenue. Quelle est la source de cette inconséquence, de ces combats perpétuels entre les principes de l'homme & ses actions. C'est que nos volontés n'ont pas de but, ou si elles en ont, on le manque: non seulement on se détourne: mais encore on retrograde, on retombe dans les vices qu'on avoit fui & condamnés.

Qu'est-ce que la sagesse? C'est la science de toujours vouloir ou ne vouloir pas la même chose.

On ne fait ce qu'on veut qu'au moment où l'on veut: nul n'est décidé d'avance à vouloir ou ne pas vouloir.

Pour la plûpart des hommes la vie n'est qu'un jeu de hazard.

Ce que par vous même vous n'auriez jamais découvert la pauvreté vous l'apprendra: elle saura trier vos vrais amis, & dissiper ceux qui cherchoient en vous autre chose que vous même.

N'est-ce pas assez pour aimer la pauvreté que d'apprendre d'elle à distinguer ceux qui nous aiment?

Que toutes vos pensées, tous vos soins, tous vos désirs, se réduisent à vivre content de vous même & des biens qui naissent de vous.

Descendez si bas que vous n'ayez plus de chûte à craindre.

Croyez moi, dit Epicure, *des haillons, un grabat donnent aux discours une grandeur plus imposante.*

Le sage tout surpris de la fortune qui l'environne, rit de la peine qu'elle s'est donnée, & ne sauroit pas qu'elle lui appartient, si on ne le lui apprenoit.

C'est beaucoup de n'être pas gâté par la contagion de l'opulence; c'est beaucoup d'être pauvre au sein des richesses; mais il est encore plus sûr de n'en pas avoir. Ce riche, s'il tombe dans la pauvreté, saura-t-il la soutenir? Et ce pauvre, s'il tombe dans l'opulence, saura-t-il la mépriser? ce sont les ames qu'il faut examiner, il faut savoir si l'une se complait dans la pauvreté, si l'autre ne se complait pas trop dans les richesses: sans quoi un grabat & des haillons sont des signes équivoques, s'il n'est prouvé qu'on s'y est réduit par choix & non par contrainte.

Le sage ne court pas à la pauvreté comme au plus grand bien, mais s'y prépare comme à un état supportable. . . . il y trouve du moins le sel de toute jouissance, la sécurité.

Sans cesse il faut réveiller nos ames, les aiguillonner, leur apprendre quel fonds modique la nature assigne à l'homme.

On ne naît pas riche : quiconque vient au monde a reçu l'ordre de se contenter de lait & de langes. On commence par là: on finit par n'être pas content d'un empire.

De la vie des hommes flottants dans le tourbillon des affaires à celle du sage, on ne tombe pas, on s'éleve. Elles différent comme la lumiere & la réverbération, dont l'une a sa source en elle même, l'autre

XXI.

ne renvoie qu'un éclat étranger.

Des hommes de génie la gloire va toujours en croiſſant ; les hommages de la poſtérité ne ſe bornent pas à eux ſeuls : ils rejailliſſent ſur tous les noms attachés à leur mémoire.

L'eſtomac n'entend pas la morale, il demande, il crie ; & cependant c'est un créancier peu exigeant ; on s'en débarraſſe à peu de frais, pourvu qu'on lui paye ce qu'on lui doit, & non pas tout ce qu'on peut.

XXII. Nul homme n'eſt aſſez lâche pour ne pas aimer mieux tomber une fois que ſe retenir toujours.

Le ſuccès dépend de ne pas devancer l'occaſion & de ne pas la manquer.

Le ſage ne s'uſe point par des travaux ſordides & aviliſſants ; il veut aux affaires d'autres motifs que les affaires.

Si l'homme déteſte les peines, il en chérit les fruits. L'ambition eſt une maîtreſſe qu'il querelle. N'en ſoyéz pas la dupe ; c'eſt de l'humeur & non de la haine.

Ce n'eſt pas la ſervitude qui nous retient pour l'ordinaire, c'eſt nous qui retenons la ſervitude.

La fortune qui ſous un air de bienveillance n'envoye aux hommes que des malheurs brillants, eſt excuſable peut - être de n'accorder qu'à leurs vœux ces poiſons qui les brûlent.

On ſort de la vie comme ſi l'on ne faiſoit que d'y entrer. (*).

Le vrai ſage eſt celui qui montre en mourant la même ſécurité qu'en naiſſant.

Ou ſonge moins à bien vivre, que longtems; & cependant tout le monde eſt maître de bien vivre & perſonne ne l'eſt de vivre longtems.

On eſt au faîte de la perfection quand on fait de quoi on doit ſe réjouir; quand on ne remet pas ſon bonheur au pouvoir d'autrui.

(*) Ce qui plait à Séneque dans cette maxime qui eſt d'Epicure, c'eſt le reproche d'enfance fait aux vieillards. Du reſte, il la trouve fauſſe. *On ne ſort pas de la vie, dit-il, comme on y eſt entré. Nous mourons plus mauvais que nous ne ſommes nés.*

La gayeté n'a que des accès passagers qui dérident le front, sans pénétrer le cœur. L'homme heureux n'est pas l'homme qui rit, mais celui dont l'ame pleine d'allégresse & de confiance est supérieure aux événemens.

C'est une chose sérieuse que la véritable joie.

Celui qui méprise la mort, ouvre sa porte à la pauvreté, retient ses passions sous le joug, s'anime à supporter les douleurs, ressent beaucoup de joie quoiqu'il en témoigne peu.

XXIII On trouve les métaux les plus vils à la surface de la terre; les filons des mines précieuses sont enfoncés plus avant, & n'enrichissent le mineur qu'après des fouilles profondes. Ainsi les joies du vulgaire sont légeres & superficielles: venues de dehors, elles manquent de base.

La volupté est sur les bords de la douleur; elle y tombe sans la plus grande justesse d'équilibre.

Ces hommes qui toujours s'élancent, ou plutôt sont poussés de projets en projets

par le choc des événements, toujours éga-
rés, toujours en suspens, connoissent - ils
un bonheur fixe & durable?

Quelques sages disposent d'eux mêmes &
de leurs actions; les autres ne vont pas, mais
sont entraînés. Ainsi les objets qui flottent
sur une eau courante, sont les uns portés
lentement par une onde paisible, les autres
poussés par des vagues impétueuses; ceux-
ci déposés doucement près du rivage,
ceux la rapidement lancés jusqu'à la mer.

Ce n'est pas vivre que de commencer
toujours à vivre.

Quelques - uns ne commencent à vivre
qu'au moment où il faut cesser ; . . . .
Quelques autres cessent de vivre avant même d'avoir commencé.

Il en coûta moins à Porsenna pour pardonner à Mucius (Scevola) de l'avoir voulu
tuer, qu'à Mucius pour se pardonner de ne
l'avoir pas tué.

N'oubliez pas d'ôter aux choses leur appareil, & de les voir comme elles sont &
vous trouverez qu'elles n'ont de terrible que
la crainte qui les précede.

XXIV.	Nous sommes de grands enfants presque en tout semblables aux petits: il ont peur de leurs parens, de leurs connoissances, de leurs camarades lorsqu'ils les voient masqués. Sachons ôter le masque aux choses comme aux personnes; contemplons les sous leurs traits naturels.

Rien n'est plus honteux que le reproche d'adopter le langage & non les mœurs de la philosophie.

Chaque jour nous enleve une partie de notre vie; & notre croissance même n'est qu'un décroissement de la vie.

Le jour où l'on cesse de vivre ne fait pas la mort, mais la consomme; on arrive au terme, mais on étoit en route déjà depuis longtems.

Quelle folie de courir au trépas par l'ennui de vivre, tandis que c'est votre maniere de vivre qui vous réduit à courir au trépas!

Quel ridicule d'invoquer la mort quand c'est la crainte même de la mort qui a troublé notre vie?

Quelle est l'imprudence ou la démence

des hommes ? plusieurs sont réduits à mourir par la crainte même de la mort.

Nous avons besoin d'être retenus dans notre aversion comme dans notre amour pour la vie.

L'homme sage & courageux doit se retirer & non prendre la fuite.

Rien de plus utile que de se donner un surveillant dont on consulte les regards, qui nous semble assister à toutes nos pensées. Sans doute il y auroit plus de grandeur à se croire toujours sous les yeux d'un homme de bien ; mais c'est assez d'un spectateur quelconque.

Parmi le commun des hommes il n'en est pas un qui ne soit mieux avec tout autre qu'avec lui même. Au milieu de la foule rentrez en vous même, si vous êtes vertueux, modéré, sans passion. Autrement vivez dans le monde, vous en serez du moins plus éloigné d'un méchant.

Une destruction violente, un trépas subit ne sont point des maux. Mais la route la plus longue est aussi la plus douce.

Ces disputes savantes, ces entretiens

XXV.

XXVI.

philosophiques, ces maximes puisées dans les Livres des sages, ces doctes entretiens ne prouvent point le courage. Combien de lâches qui parlent en héros!

La mort ne compte pas les années: vous ignorez en quel lieu elle vous attend; attendez la donc en tout lieu.

Peut-être trouverez vous inutile d'étudier si longtems ce qu'on ne pratique qu'une seule fois; & voilà précisément pourquoi nous devons nous exercer à la mort. Il faut toujours apprendre quand on n'est pas sûr de savoir.

Vous dire: pensez à la mort, c'est vous dire pensez à la liberté. En apprenant à mourir on désapprend à servir.

La seule chaîne qui nous lie c'est l'amour de la vie; sans la détruire, sachons au moins en modérer le poids.

Ce qu'il faut faire tôt ou tard, soyons prêts à le faire à l'instant.

XXVII.   De même que l'inquiétude ne finit pas pas avec le crime, eût il été commis en secret, ainsi les voluptés passent & le repentir nous reste.... Quand elles ne nuisent pas, elles s'évanouissent.

La vertu feule produit une joie pure &
conftante ; les obftacles , s'il en furvient ,
font des nuages formés au deffous d'elle,
qui n'éclipfent pas fa lumiere.

Les fubftituts n'ont pas lieu dans la fageffe, comme dans certains genres de littérature.

Nous avons connu le riche Calvifius Sabinus. Avec les biens d'un affranchi , il
en avoit le caractere. Je n'ai pas vu d'homme en qui la fortune eût plus mauvaife grace. Sa mémoire étoit infidelle au point d'oublier les noms d'Achille , d'Uliffe , de
Priam, d'autres noms ausfi familiers pour
lui , que pour nous ceux de nos pédago-
gues. . . . & pourtant il avoit la manie
d'être favant. Voici l'expédient qu'il ima-
gina. Il acheta à grands frais des esclaves , pour retenir l'un Homere & l'autre
Héfiode. Les poëtes lyriques étoient autant
de départements asfignés à neuf esclaves. . . .
avec cette recrue il fe met à harceler fes
convives. Vouloit-il citer un vers il trou-
voit à fes pieds à qui le demander. Mais
le malheur, c'eft qu'au milieu de la cita-

tion la mémoire lui manquoit. Satellius Quadratus, un de ces hommes qui vivent aux dépens des riches ſtupides, qui leur ſourient & ſe moquent d'eux, lui conſeilla d'acheter encore des esclaves pour ramaſſer les miettes de ſa mémoire. Un jour Sabinus dit que chacun de ces esclaves lui revenoit à cent mille ſeſterces. Les manuscrits vous auroient moins coûté, répondit le paraſite. Néanmoins notre riche croyoit de bonne foi ſavoir tout ce qu'on ſavoit dans la maiſon. Il étoit maigre, pâle, infirme: Satellius lui conſeilla de s'exercer à la lutte. Eh! le moyen! à peine ai-je la force de vivre. —— Ne dites pas cela, regardez cette foule d'esclaves bien portants qui ſont à vous.

La ſageſſe ne peut s'acheter ni s'emprunter; & ſi elle étoit à vendre, je doute qu'elle trouvât des acheteurs; le débit de la folie eſt bien plus ſûr.

On ne peut aſſez répéter ce qu'on ne peut aſſez apprendre.

XXVIII. Ce n'eſt pas de climat c'eſt d'ame qu'il faut changer.

Pourquoi la fuite ne vous guérit-elle pas ? c'est que vous fuyez avec vous.

Vous courez çà & là, pour rejetter le poids qui vous gêne; mais l'agitation même le rend plus incommode.

Le bonheur ne tient pas au lieu, mais à la personne.

C'est l'ennui qui vous promene sans cesse de régions en régions; regardez les toutes comme votre patrie, tout endroit saura vous plaire.

Il y a des lieux mal sains pour les corps même les plus robustes, & des professions nuisibles aux ames honnêtes, mais encore chancelantes.

Le sage endure les traverses mais ne va pas les chercher; il aime mieux vivre dans un état de paix que de guerre : & que lui serviroit de s'être débarrassé de ses vices, s'il a ceux des autres à combattre ?

Qu'importe le nombre des maîtres, il n'y a pas pour cela plus d'une servitude : & quand on la brave, quelque soit la foule des tirans on est libre.

Le premier pas vers le bien c'est la connoissance du mal.

Quelques uns se glorifient de leurs vices : on est bien loin de penser à se guérir, quand on met ses vices au nombre des vertus.

XXIX. On ne doit la verité qu'à ceux qui veulent l'entendre.

Ne ririez vous pas d'un homme qui se mettroit à reprimander les sourds & les muets de naissance ou d'accident?

L'habile tireur d'arc n'est pas celui qui tantôt frappe, tantôt manque son but. Où il y a plus de hazard, il y a plus d'adresse ou d'art. Or la sagesse est un art ! elle doit donc porter à coup sûr, choisir des sujets heureusement nés, renoncer à ceux dont elle désespere; mais ne pas se décourager. Trop tôt, & même en désesperant, tenter un dernier remede.

Dans les maladies graves quelques bons intervalles tiennent lieu de la santé. Quelle folie de craindre la foule dans un defilé, où ne peut passer qu'un seul homme à la fois !

Jamais je n'ai voulu plaire au peuple : car ce que je fais n'est pas de son goût ; & ce qui est de son goût, je ne le fais pas.

Peut

Peut-on être aimé du grand nombre quand on aime la vertu ? C'est par de mauvaises voies qu'on obtient la faveur du peuple ; il ne peut vous l'accorder si vous n'êtes pas comme lui, ni vous approuver, s'il ne se reconnoit pas en vous.

On n'acquiert l'amitié des hommes corrompus, qu'à force de corruption.

Quel avantage procure donc cette philosophie si vantée, & cet art supérieur à tous les arts ? L'avantage de pré frer son jugement à celui du peuple, de peser les suffrages au lieu de les compter, de fouler aux pieds la crainte & des hommes & des Dieux, en un mot de vaincre la douleur ou de la terminer.

Si j'entendois frémir autour de vous les acclamations de la populace ; si votre vue excitoit le même tumulte, les mêmes applaudissemens que l'entrée d'un bâteleur ; si dans la ville entiere les femmes & les enfants s'empressoient à chanter vos louanges : j'aurois pitié de vous & pourquoi ? C'est que je connois la route qui mene à cette faveur.　　　　E

XXX.   Dans un navire qui fait eau, l'on peut boucher une ou deux ouvertures ; mais quand il s'ouvre de toutes parts ; nul moyen de le fauver. Ainfi l'on peut jufqu'à un certain point foutenir la caducité du vieil âge : mais fi le corps eft entierement ufé, fi dans l'édifice toutes les poutres fe féparent, s'il s'écroule d'un coté pendant qu'on répare de l'autre ; il ne refte qu'un parti, c'eft de déloger promptemen .

Ce n'eft pas une chofe indifférente ni qui s'apprenne en un moment, que de partir fans murmurer , quand arrive l'heure qu'on ne peut éviter.

La vieillesse eft la maniere de mourir la plus douce ; mais c'eft auffi la plus longue.

Craindre ce qu'on ne doit pas fentir , c'eft comme fi l'on craignoit ce qu'on ne doit pas fouffrir.

Craindre la mort , c'eft comme fi l'on craignoit la vieillesse, puisque la mort fuit la vieillesse, comme celle-ci vient après l'âge mûr.

On ne craint que les événemens incertains ; ceux qui font furs on les attend.

Qui ofera fe plaindre d'un fort, dont nul n'eft exempté ? le premier point de l'équité, n'eft ce pas l'égalité ?

La nature elle-même fe foumet à la loi qu'elle prefcrit : ce qu'elle a fait, elle le défait ; ce qu'elle a défait, elle le refait encore.

Si votre bonheur veut que la vieilleffe vous conduife à pas lents hors du monde, au lieu de vous en arracher avec effort ; quelles actions de graces ne devez-vous pas à tous les Dieux de vous accorder au bout d'une carriere fi longue, un repos neceffaire à l'homme, agréable après la fatigue ?

Quelques-uns defirent la mort avec plus d'ardeur que les autres ne fouhaitent la vie.

J'ignore lequel eft le plus propre à nous encourager, ou l'homme qui vole au devant du trépas, ou celui qui l'attend paifiblement & fans trouble.

L'audace du premier n'eft quelquefois

qu'un mouvement de frénesie, qu'un coup
de défespoir, la tranquillité de l'autre fup-
pofe des principes fermes & inébranlables.

La colere fuflit pour poufler un homme
au devant de la mort: pour l'introdui-
re avec joie, quand elle vient il faut
s'être préparé de longue main à la recevoir.

L'ame d'un Vieillard doit être au bord
des levres, & s'en aller fans efforts: C'eft
quand l'incendie a trouvé beaucoup d'alimens durables, qu'on prodigue l'eau,
qu'on démolit même quelquefois ; fi la
nourriture lui manque, le feu meurt de lui-
même.

Toutes nos angoisfes viennent de nous -
mêmes; la peur nous prend lorsque nous
croyons la mort près de nous: & quand ne
l'eft-elle pas? en tout tems, en tous lieux,
elle a le bras levé. Lors même qu'une
caufe de déftruction paroit nous menacer,
combien d'autres plus imminentes que nous
ne craignons pas?

Sachons démêler les motifs de nos alarmes, & nous les trouverons tout autres

qu'ils ne pɪroissent. Ce n'est pas la mort que l'on craint, c'est son idée.

Si la mort est à craindre, on doit trembler à chaque instant, puisqu'il n'est pas d'instant où l'on en soit garanti.

Toute la sagesse se réduit presque à un seul point, de se boucher les oreilles mais non pas avec de la cire.

Le seul bien, l'unique appui de la felicité humaine, c'est d'être sûr de soi.

La fatigue est l'aliment des ames fortes.

Comme le blanc n'existe pas sans un mélange de lumiere, ni le noir sans l'intervention des ténebres, ou d'une matiere obscure; comme la chaleur est düe au feu & le froid à l'air : de même la honte & l'honnêteté ne proviennent que de l'association du vice & de la vertu.

Quel est donc le bien réel? C'est la science. Et le vrai mal? C'est l'ignorance.

L'homme instruit & consommé, rejette ou préfere les objets, suivant les circonstances; mais s'il a l'ame grande & invincible, ce n'est point par crainte qu'il rejette les

XXXI.

uns , ni par admiration qu'il préfere les autres.

Ne pas refuſer la peine c'eſt trop peu ; il
faut la déſirer. . . . quels travaux doit-on
nommer frivoles & ſuperflus? ce ſont ceux
dont l'objet eſt mépriſable. Mais ils ne ſont
pas blâmables pour cela ; non plus que
louables quand ils tendent à une fin honnête. Ces deux titres appartiennent à l'ame
ſeule qui s'y applique.

Qui vous rendra l'égal des Dieux? Sera-
ce l'argent? Dieu n'a rien. La toge pré-
texte? Il eſt nud. La renommée, la repre-
ſentation, l'immenſe étendue de votre ce-
lebrité ? Dieu n'eſt connu de perſonne :
Pluſieurs en ont des idées fauſſes & ils les
ont impunément. Sera-ce cette foule d'esclaves qui portent votre litiere & dans les
rues & dans les grands chemins? Mais ce
Dieu , le plus grand & le plus puiſſant des
êtres porte lui même le monde entier. . . .
Que ſera - ce? Votre ame.

Une ame droite, grande, vertueuſe n'eſt
que Dieu même placé dans un corps humain.

Qu'eſt ce que ces noms de chevalier romain, d'esclave, d'affranchi? des titres inventés pour énorgueillir quelques hommes, & pour dégrader les autres.

Les métaux ne peuvent repréſenter les traits de la Divinité. . . . les Dieux étoient d'argile au tems où ils exauçoient les mortels.

La vie eſt ſi courte! & notre inconſtance XXXII. l'abrege encore: on la recommence tous les jours: on la morcelle, on la hache, pour ainſi dire.

Penſez de tems en tems au bonheur du ſage qui avant de mourir a conſommé ſa vie: il laiſſe alors venir en paix le reſte de ſes jours. Aſſuré d'une vie heureuſe, peu lui en importe la durée. Oh! quand viendra le jour où vous ſaurez que la longueur du tems ne fait rien au bonheur; où tranquille & paiſible, indifférent ſur le lendemain, vous ſerez pleinement raſſaſié de votre exiſtence!

Savez vous ce qui rend les hommes ſi affamés de la vie? c'eſt que nul d entre eux n'a ſu jouir de lui-même.

Puisse votre ame, après sa longue agitation, revenir enfin au centre du repos, se complaire en elle-même; & par la nature du vrai bonheur, dont on jouit dès qu'on se connoit, n'avoir plus besoin d'un surcroît d'années.

On est vraiment au dessus des besoins, vraiment *libre & affranchi* quand on a su fournir sa carriere, avant sa mort.

XXXIII. Des pensées remarquables & saillantes annoncent une composition inégale. Le plus grand arbre ne cause point d'admiration quand tout ceux de la même forêt lui sont égaux.

Epicure est un héros sous l'habit d'une femme : le courage, la patience, l'exercice militaire, peuvent être le partage des Perses, comme des peuples les plus aguerris.

Nous (les Stoiciens) n'avons point de marchandises pour la montre; nous n'étalons pas à nos portes des effets precieux, pour attirer l'acheteur qui ne trouveroit rien de plus dans nos magazins.

C'est au pauvre qu'il convient de compter son troupeau.

Renoncez à l'espoir de connoître par extraits les chefs-d'œuvre des grands hommes, il faut les envisager, les méditer sous toutes leurs faces.

L'empreinte du génie est gravée sur ses ouvrages: les parties s'y tiennent, en ôter une seule, c'est ruiner le tout.

Une femme n'est pas belle pour avoir les bras ou la jambe bien tournés.

Il faut qu'en elle la beauté de l'ensemble empêche d'admirer les détails.

Les pensées se retiennent plus aisément, quand elles ont les bornes & pour ainsi dire, la tournure mesurée des vers.

Mais un homme fait doit rougir de s'amuser autour des fleurs, de n'avoir pour science qu'un petit nombre d'âges connus, & pour appui que sa mémoire.

En verité ces hommes toujours interpretes & jamais auteurs, cachés sans cesse à l'ombre d'un grand écrivain, ont bien peu de ressort pour n'oser jamais faire ce qu'ils ont appris si longtems.

Se ressouvenir n'est pas savoir. On se ressouvient quand on garde les choses dans ſa mémoire: on les ſait quand on ſe les approprie.

Mais, dira t-on, la voix donne de la vie aux penſées? Non ſi elle ne fait que répéter les paroles d'autrui; ſi elle ne fait que la fonction d'un écho.

Ces gens toujours en tutelle ſuivent les anciens dans une carriere où les anciens n'avoient garde de ſe ſuivre les uns les autres.

S'en tenir aux découvertes antérieures, c'eſt le moyen de n'en jamais faire. Qui ſuit un autre, marche ſans but; & comment trouver ce qu'on ne cherche pas?

XXXIV. Ceux qui nous ont devancés étoient nos guides & non nos maîtres. La verité luit pour tout le monde, mais elle n'eſt pas encore découverte: Il reſte beaucoup à faire aux races futures.

Si la vue d'un arbre en fruits réjouit le cultivateur, ſi le berger regarde avec plaiſir les petits de ſon troupeau; ſi aux yeux d'une nourrice, l'accroiſſement de ſon éleve ne diffère pas du ſien propre; quelle doit être la jouiſſance d'un inſtituteur, quand il voit mûrir tout à coup une ame dont il a longtems cultivé l'enfance!

L'ouvrage est à moitié fait quand il est commencé (*dimidium facti qui coepit habet.*) Hor.

Vouloir devenir bon c'est l'être en grande partie.

L'ame est mal gouvernée quand ses actions sont discordantes.

On aime quand on est ami, mais quand XXXV. on aime on n'est pas ainsi pour cela. L'ami est toujours utile, celui qui aime peut quelque fois nuire.

Sans doute un ami quoiqu'absent cause de la joie, mais une joie foible & passagere. La vue, la présence, le commerce donnent de la vie à la jouissance : surtout si l'ami qu'on desire on le voit tel qu'on le desire.

Le changement de volontés annonce une ame flottante, portée çà & là au gré des vents.

Vouloir aujourd'hui ce qu'on vouloit hier est le bonheur du sage, ou de celui qui va l'être.

Tous ces hommes qu'on regarde avec envie ne font que paſſer. Ils périront l'un étouffé dans la foule, l'autre écraſé par une chûte.

XXXVI. Rien de plus agité que la proſperité : ſans ceſſe elle ſe tourmente ; elle trouble les eſprits de mille manieres : elle allume dans les cœurs mille déſirs. Elle excite l'un à l'ambition, & l'autre à la débauche ; elle gonfle celui-ci, elle amollit celui-là. Cependant on voit des gens la ſoutenir ? Oui, comme on en voit qui portent le vin.

N'allez pas juger un homme heureux pour avoir une cour nombreuſe.

On ſe raſſemble autour d'un riche, comme au bord d'un lac, pour y puiſer & le troubler.

Le vin acquiert de la qualité quand il eſt âpre & rude au commencement ; il n'eſt pas de garde quand il eſt potable de trop bonne heure.

On peut étudier à tout âge, mais non pas à tout âge être étudiant.

On doit amasser dans la jeunesse, & jouir dans la vieillesse.

Les bienfaits qu'on doit rechercher & répandre, & qui tiennent sans contredit le premier rang, ce sont ceux où l'on gagne autant à donner qu'à recevoir.

Il est moins honteux de manquer à une dette qu'à une promesse de vertu.

Pour acquitter une dette pécuniaire, il faut au commerçant une heureuse navigation, au laboureur un sol fertile & une saison favorable: pour payer l'autre espece de dette il suffit de le vouloir.

Que la mort ait quelque chose en soi d'effrayant; qu'elle répugne à la nature de l'homme, à son amour inné pour lui même: c'est un fait incontestable, & pourquoi tant nous préparer, nous armer de courage, si une pente naturelle nous portoit à mourir comme à nous conserver?

La fortune n'a nul droit sur les mœurs.

Il ne faut pas de leçons pour se résoudre à coucher, s'il est besoin, sur un lit de roses: il en faut pour apprendre à ne pas trahir la foi dans les tortures, à veiller au bord des retranchemens, debout, quelquefois bleſſé, ſans s'appuyer ſur ſa pique, parce qu'ainſi repoſé l'on peut être ſurpris par le ſommeil.

La mort ne fait point de mal, pour le ſentir il faudroit vivre encore. Tout ceſſe, rien ne périt ; & cette mort que nous repouſſons avec effroi, n'ôte pas la vie, elle ne fait que la ſuspendre.

Regardez le cercle éternel de la nature, & vous verrez que dans ce monde les êtres ne meurent point, mais descendent & remontent tour à tour. L'été ſe paſſe, l'année ſuivante le ramene. L'hyver finit, il reviendra dans ſon tems. La nuit voile le ſoleil, & bientôt ſera chaſſée par l'aurore. Dans leurs conſtantes révolutions, les aſtres regagnent le terme qu'ils ont franchi ; ſans ceſſe une partie du ciel s'éleve & l'autre s'abbaiſſe.

Ni les enfants, ni les imbécilles ne craignent la mort. Quelle honte ſi la raiſon ne pouvoit nous conduire à une ſecurité que donne l'abſence de la raiſon !

XXXVII. La nature ne donne point de congé abſolu.

Vous ne pouvez vous souftraire à la nécesfité, mais vous pouvez la vaincre.

La folie eft abjecte, fordide & fervile ; elle obéit à mille paffions cruelles, maîtreffes impérieufes qui commandent quelque-fois tour à tour, & quelque-fois en même tems. La fageffe vous en affranchira ; c'eft l'unique liberté. Un feul chemin y conduit, il eft droit, point d'écarts à craindre, marchez d'un pas affuré.

Voulez vous que la nature entiere vous obéiffe? Obéiffez à la raifon ; vous gouvernerez les autres, fi elle vous gouverne.

Citez moi un homme qui puiffe retrouver le fil de fes volontés: c'eft qu'on n'eft pas déterminé par des motifs, mais pouffé au hazard.

La fortune vient à nous en aveugle, auffi fouvent que nous allons vers elle.

Quelle honte! au lieu de marcher, on eft emporté : & dans le tourbillon des événements, on fe demande avec furprife, *comment fuis-je venu ici?*

La morale profite plus quand elle s'infinue XXXVII.

dans l'ame par pensées détachées. Ces discours d'appareil, débités en présence d'un peuple nombreux, font plus de bruit & moins d'effet.

La philosophie est le conseil de l'homme, & ce n'est pas à haute voix qu'on donne des conseils.

Quand il n'est question que d'instruire l'homme & non pas de le rendre docile, prenons un ton plus modéré. Ainsi les conseils pénetrent mieux & restent plus longtems.

Il faut user des paroles comme des semences. La plus petite graine reçue dans un terrein favorable se développe, & d'imperceptible devient un grand arbre. —— De même un précepte qui n'est rien en apparence, s'il germe, produit bientôt. Ce n'est qu'un mot : mais dans un cœur bien disposé, ce mot prend racine & s'étend.

Entre les préceptes & les semences, nulle différence ; la brieveté n'empêche pas l'effet. Il ne faut qu'une ame propre à s'en saisir & les entretenir. Ils fructifieront à leur tour & rendront au centuple.

Les abrégés font plus néceſſaires aux XXXIX.
commençans parce qu'ils inſtruiſent ; les
ſommaires font plus commodes aux ſavans
parce qu'ils rappellent.

Le propre d'un homme génereux eſt de
s'enflammer pour les choſes honnêtes ;
une ame haute ſe paſſionne rarement pour
des objets vils & communs ; l'idée d'une
grande entrepriſe l'exalte & l'entraîne.

Si la flamme qui s'éleve en ligne droite,
ne peut ni descendre, ni s'arrêter ; de
même toujours en mouvement l'ame humaine eſt d'autant plus active qu'elle a
plus de vigueur. Heureux l'homme qui
dirige cet élan vers le bien ; jamais il ne
dépendra du ſort. La prospérité ne pourra l'énorgueillir, ni l'adverſité l'abattre.
Ce qu'on admire, il le dédaigne ; il fait
qu'une ame grande eſt au deſſus des gran-
deurs, & que la médiocrité eſt préférable
à l'opulence.

La médiocrité rend l'homme heureux ;
l'opulence nuit par ſon excès même. Ainſi les épis trop preſſés ſe renverſent:

F

ainfi les branches rompent fous le poids des fruits, & l'exceffive fécondité nuit à la maturité.

—— L'ame fuccombe de même fous le faix du bonheur : elle en abufe contre les autres & furtout contre elle même.

Point d'ennemi fi cruel que la volupté pour bien des hommes: & fi l'on fupporte leurs paffions, c'eft parce qu'ils fe rendent tous les maux qu'ils font aux autres.

La nature a fes bornes; la fantaifie & la cupidité n'en connoiffent aucunes.

La mefure du néceffaire c'eft le befoin; mais le fuperflu, où l'arrêter?

L'on eft au comble de l'infortune, quand on ne fe livre plus à la débauche par penchant mais par réflexion.

Le mal eft fans remede, quand les vices fe font changés en moeurs.

XL. Si les portraits de nos amis abfents ont pour nous des charmes en nous rappellant leur fouvenir, en adouciffant par une agréable illufion, l'amertume de l'abfence; quelle joie de contempler dans un écrit & l'empreinte & les traits véritables d'un ami trop éloigné! ce que la préfence a de plus doux, la main de notre ami le reproduit dans une lettre.

Le débit d'un philofophe doit être ordonné comme fa conduite, & l'ordre n'eft pas compatible avec la précipitation.

Ces harangues impétueufes qui tombent comme la neige, fans interruption, Homere les met dans la bouche d'un orateur : ——

Les paroles du vieux Neftor ont la douceur du miel & coulent auffi lentement.

Cette rapidité, cette redondance convient mieux à un charlatan qui veut féduire qu'à un philofophe qui veut inftruire, & qui traite des objets férieux.

Une élocution féche & décharnée, par fa lenteur & fes repos continuels, ennuie l'auditeur, fatigue l'attention. Néanmoins la penfée qu'il faut attendre eft plus fûre d'entrer, que celle qui ne fait qu'effleurer les oreilles.

On fe raffemble autour d'un philofophe pour prendre fes leçons, & ce n'eſt plus les prendre , c'eſt courir après.

Une harangue populaire n'a pas le vrai pour baſe : elle ne veut qu'émouvoir la multitude , qu'entraîner dans ſon cours impétueux , le ſuffrage des ignorants : c'eſt un courſier qu'on ne peut manier , qui s'échappe & s'emporte.

Un discours deſtiné à la guériſon des ames , doit les pénetrer : les remedes ne profitent qu'autant qu'ils ſéjournent dans le corps.

Un médecin peut-il en paſſant guérir ſes malades ?

Les choſes qui n'ont de mérite que la difficulté , il ſuffit de les voir une fois : ces discoureurs ſi verſés dans la ſcience des mots, les entendre une fois, c'eſt peut-être trop.

Que penſer de l'ame quand le langage eſt confus , en déſordre , ſans frein ? Si on court ſur une pente on ne s'arrête pas où l'on veut, l'on eſt emporté plus loin par l'impulſion de la vîteſſe : de même on n'eſt plus maître de cette exceſſive rapidité. Elle eſt donc indigne d'un philoſophe qui ne doit pas laisser aller ses paroles, mais les régler, les conduire avec mesure.

Il peut quelquefois s'élever, mais sans compromettre la dignité de son caractere; elle est perdue par les tours de force, par cette véhémence outrée, qu'il ait de l'énergie, mais qu'il la modere; qu'il ressemble à un fleuve plutôt qu'à un torrent.

Cette vélocité, cette fougue, cet emportement, je ne les passerois pas même à un orateur. Entraîné par la vanité de briller, ou par un mouvement, dont - il n'est pas le maître, comment des juges, quelquefois ignorants, le suivroient - ils? Il ne doit hâter ou presser ses idées, que suivant la portée de son auditoire.

Le fondateur de l'éloquence romaine, Ciceron avoit une marche reglée. Notre langue est circonspecte; elle sent sa dignité & veut la faire sentir.

On admire dans le débit la facilité plutôt que la vîtesse. Cette aisance me plait dans un sage, mais je ne l'exige pas.

Un cours si rapide entraîne mille inadvertances qu'on voudroit corriger.... Cette

impétuosité n'est pas compatible avec la
décence : elle exige qu'on l'exerce tous
les jours , qu'on sacrifie l'étude des choses à celles des mots. Et quand ils se
présenteroient d'eux mêmes, quand ils cou-
leroient sans peine , encore faudroit-il les
moderer.

Les discours du sage doivent être comme
sa marche, soutenus & retenus.

XLI.   Quelle folie de demander la sagesse , quand
on peut se la donner. Envain éleverez
vous les mains vers le ciel ; envain obtien-
drez vous du gardien des autels, qu'il vous
approche de l'oreille du simulacre pour être
mieux entendu ; ce Dieu que vous implorez
est près de vous, il est avec vous, il est en
vous.

Un esprit saint réside dans nos ames ;
il observe nos vices, il surveille nos
vertus , & il nous traite comme nous le
traitons.

Dans le sein de tout homme vertueux,
j'ignore quel Dieu, mais il habite un
Dieu.

S'il s'offre à vos regards une forêt d'arbres antiques , dont les cimes montent jusqu'aux nues , dont les rameaux pressés vous cachent l'aspect du ciel ; cette hauteur démesurée , ce silence profond , ces masses d'ombre qui de loin forment continuité, tant de signes ne vous annoncent-ils pas la présence d'un Dieu?

Si vous rencontrez un homme intrépide dans le péril, inaccessible aux désirs, heureux dans l'adversité, tranquille au sein des orages, qui voit les autres hommes sous ses pieds, & les Dieux sur sa ligne, votre ame ne seroit-elle pas pénetrée de vénération?.... Ici le souffle divin se manifeste.

Cette ame supérieure & si bien reglée, qui dédaigne les biens périssables comme au dessous d'elle, qui se rit de nos désirs & de nos craintes, sans doute elle est mûe par une impulsion divine : sans l'appui d'un Dieu ce bel édifice ne pourroit se soutenir.

Le sage ne quitte pas le ciel pour en descendre. De même que les rayons du Soleil touchent à la terre & tiennent au globe lu-

mineux d'où ils émanent ; ainſi l'ame ſa-
crée du grand homme, envoyée d'en haut
pour nous montrer la divinité de plus près,
ſéjourne avec nous ,   mais ſans abandonner
le lieu de ſon origine ; elle y reſte attachée,
elle le regarde, elle y aspire, & ne vient
un moment ſur la terre que comme un être
d'un ordre ſupérieur: en quoi ? en ce qu'elle ne brille que de ſon propre éclat.

Un courſier n'en vaut pas mieux pour
avoir un frein d'or.   Le Lion aux crins
treſſés, dompté par un maître au point d'en-
durer ſes careſſes & la parure, & le lion dont
la ſervitude n'a point enervé les esprits, ne ſe
préſentent pas du même air ſur l'arêne, l'un
bouillant & impétueux comme le veut ſa
nature , majeſtueuſement heriſſé , fier &
beau de la terreur qu'il inſpire , le com-
parerez vous à ce quadrupede languiſſant
que vous voyez orné de lames & de
feuilles d'or ! On ne doit ſe glorifier que de
ſes biens.

Quand les ſarments d'une vigne ſont
chargés de grappes, quand ſes appuis mêmes ſuccombent ſous le faix ; on la pré-

fere à une vigne dont les feuilles & les fruits feroient d'or. Pourquoi? C'eſt que dans une vigne le premier mérite eſt la fertilité.

Réſervez vos éloges aux biens qu'on ne peut ni ravir ni donner, qui ſont propres à l'homme, c'eſt à dire ſon ame & dans ſon ame la ſageſſe.

Se conformer à la nature rien de ſi facile, & pourtant de ſi rare, grace à la folie univerſelle.

Les hommes ſuppoſent l'un l'autre dans le vice. Et comment revenir à la raiſon? Perſonne ne nous retient; & la foule nous entraîne.

Ce n'eſt pas en un moment qu'on peut devenir homme de bien, ni le paroître. LXII.

Il faut du tems pour enfanter des prodiges.

La nature eſt prodigue des productions médiocres ou communes; l'excellent a toujours le mérite de la rareté.

Le plus grand ſupplice de la méchanceté, c'eſt d'être odieuſe à elle même & aux Gens.

F 5

Combien d'hommes ne font retenus que par l'impuiſſance de mal faire! Donnez leur des forces, le vice ne tardera pas à ſe produire; la proſpérité lui ouvre la porte; & pour développer leur méchanceté, il ne faut qu'une occaſion. L'on manie ſans danger les ſerpens les plus venimeux, quand le froid les engourdit; mais pour être gelé, leur poiſon n'eſt point épuiſé.

La cruauté, l'ambition, la débauche, pour égaler certains hommes aux plus grands ſcélerats, n'attendent ſouvent que les faveurs de la fortune.

Tous les objets pour leſquels on s'empreſſe, on ſe tourmente, ne font pas de bien, ou font encore plus de mal.

L'homme ne croit acheter que lorſqu'il compte de l'argent; il croit que ce n'eſt rien payer que ſe donner ſoi-même en paiement.

Ce qu'on ne voudroit pas acheter s'il falloit, en échage, renoncer à une maiſon, à une terre agréable ou utile; on y ſacrifie ſon repas, ſa ſureté, l'honneur, le tems, la liberté.

Ainſi ce que l'homme priſe le moins c'eſt lui - même.

Souvent ce qui coûte le plus, eſt ce qui vaut le moins.

Combien de choſes dont l'acquiſition nous a ravi la liberté! Nous l'aurions encore ſi nous ne les avions pas.

Rapellez vous ces maximes avant d'a-quérir ; rappellez vous les après la perte : car ces biens s'en iront, puis qu'ils ſont venus.

Peu de faveur, peu d'envieux.

Conſidérez de près tous ces objets qui trou-blent la raiſon, qu'on ne quitte qu'avec larmes ; vous verrez que ce n'eſt pas leur perte qui chagrine, mais l'opinion qu'on en a.

L'on n'a rien perdu quand on ſe poſſede encore. Mais qu'il eſt peu de gens qui ſe poſſedent !

Quand on eſt plus grand que ſes voiſins, on eſt grand où l'on vit.

La grandeur n'eſt jamais abſolue ; elle ne croit & décroit que par comparaiſon. Le même bâtiment ſur un fleuve eſt un vaiſfeau, fur la mer , il n'eft plus qu'une barque.

Ne vous croyez heureux que du moment où vous pourrez vivre en public, où les murs de votre maifon vous couvriront fans vous cacher.

Ces murs dont nous fommes entourés, fervent communément bien moins à nous garantir, qu'à nous mettre à portée de pécher en fecret.

Nul homme ne confentiroit à vivre, fa porte ouverte.

Ce fut moins l'orgueil que la honte qui inventa les portiers.

Entrer chez quelqu'un fans être annoncé , c'eft le prendre fur le fait.

La bonne confcience veut des témoins; la mauvaife dans un défert auroit encore des alarmes.

Si vos actions font honnêtes, qu'on les ignore , vous les favez.

XLVI.   Ce que la philofophie a de plus grand c'eft de ne point regarder à la naiffance.

Le fénat ne s'ouvre pas à tout le monde. Camilia même fe rend difficile fur le choix de ceux qu'elle deſtine aux travaux & aux dangers. Mais ——

La ſageſſe tend les bras à tous les hommes; pour elle on eſt toujours aſſez noble.

La philoſophie ne préfere, ne refuſe perſonne; ſon flambeau luit par tout le monde. Socrate n'étoit point patricien; Cléanthes louoit ſes bras pour arroſer un jardin: & la nobleſſe de Platon, il la dût à la philoſophie. Vous eſt-il poſſible dégaler ces grands hommes? Ils ſeront vos ancêtres ſi vous en êtes digne; vous le ſerez en croyant dès aujourd'hui que perſonne n'eſt plus noble que vous.

Chacun de nous eſt précédé du même nombre d'ayeux; l'origine de tous les hommes remonte au delà des tems connus.

Il n'eſt pas de roi, dit Platon, qui ne deſcende d'un eſclave, ni d'eſclave qui ne deſcende d'un roi.

Une ſuite d'ayeux alternativement illuſtres & obſcurs, menée des commencemens du monde au ſiecle préſent: voilà la généalogie de tous les hommes.

Nul n'a vécu pour notre gloire; & ce qui

fut avant nous, n'eſt pas à nous.

On veut être heureux, mais on prend le moyen pour la fin; & pour courir après le bonheur on lui tourne le dos.

Dans la route ſi pénible de la vie, ce n'eſt pas aſſez pour l'homme de porter ſon fardeau, il le traîne; de plus il s'éloigne du but.

XLV.   En fait de Lectures, la continuité ſeule eſt profitable; la variété n'eſt qu'amuſante.

Qui veut arriver ne doit pas errer de route en route, mais ſuivre ſon chemin: autrement il s'égare au lieu d'avancer.

Respectez les jugemens des grands hommes ſans rénoncer aux vôtres.

Les anciens nous ont laiſſé des découvertes à faire plutôt que celles qu'ils ont faites.

Nous faiſons des nœuds pour les défaire; nous attachons aux mots un ſens douteux pour deméler le véritable. Nous avons bien du tems à perdre!

L'équivoque des mots ne trompe qu'un moment dans les diſputes; ce ſont les choſes qui trompent toujours.

La flatterie reſſemble à l'amitié; que

dis-je? Elle la furpaffe, elle va plus loin:
une oreille favorable lui eft toujours ouverte, elle pénetre au fond du cœur, &
fon poifon même eft agréable.

Le mot d'heureux eft mal appliqué par
le peuple; il ne convient pas au riche qui
nage dans l'abondance, mais au fage qui
trouve, en lui-même fes tréfors; qui fier
& magnanime, foule aux pieds ce qu'on
admire; qui ne voit perfonne contre qui il
voulût fe changer; qui ne juge l'homme
que par les qualités qui le font homme,
qui prend pour guide la nature, fuit fes
lois, obéit à fes leçons, ne laiffe point ravir fon bonheur, & fait convertir le mal
en bien: ferme dans fes principes, intrépide,
inébranlable, la violence peut l'émouvoir &
non le renverfer. Si la fortune dans fon courroux, lance contre lui le plus acéré de
fes traits, elle ne le bleffe pas, elle l'effleu-
re, encore bien rarement.

Ce qui eft bon fans doute eft néceffaire: mais ce qui eft néceffaire n'eft pas bon
pour cela: & fouvent la même chofe eft
néceffaire & fans valeur.

La profession du sage est d'enseigner à tous les hommes qu'ils perdent leur tems à la recherche du superflu ; que la vie se passe à chercher les moyens de vivre.

On ne jouit pas de la vie, on s'y prépare, on la diffère, avec tous nos efforts, elle nous gagneroit de vîtesse ; au milieu de nos délais, elle s'enfuit à grands pas.

Elle est passée, le dernier jour, chaque jour elle se passe.

Autant d'ennemis que de valets. Ils ne le font pas : c'est nous qui en faisons des ennemis.

Graces aux Dieux dans une foule d'esclaves on trouve souvent des maîtres. J'ai vu à la porte de Calliste se morfondre son ancien maître. J'ai vu l'homme qui lui avoit mis l'écriteau, qui l'avoit exposé parmi les esclaves de rebut, exclus seul, quand tout le monde entroit. La vengeance étoit juste. Calliste avoit été rejetté dans la premiere décurie par où prélude le crieur : il rejetta de même son maître, & lui refusa l'entrée de sa maison. Il avoit commencé par être vendu ; il finit par vendre tout à son maître. Ce

Cet homme que vous appellez votre esclave, oubliez vous qu'il est formé des mêmes élémens que vous; qu'il jouit du même
ciel, qu'il respire le même air, qu'il vit &
meurt comme vous?

Traitez votre inférieur, comme vous le
voudriez-être par votre supérieur. Ne pensez jamais à vos droits sur un esclave,
sans songer à ceux qu'un maître auroit sur
vous.

Pour sauver aux maîtres l'odieux, aux
esclaves l'humiliant de la servitude, les romains donnerent aux premiers le nom *de
peres de famille*, & aux seconds celui de
familiers. . . . Une fête fut instituée dans
laquelle les esclaves avoient droit de manger avec leurs maîtres, d'exercer des char-
ges, de rendre la justice dans l'intérieur de
la maison qui ressembloit pour lors à une
petite république.

Les mœurs, on se les donne; des em-
plois, la fortune en dispose.

Pourquoi chercher un ami dans le sénat,
dans la place publique? on peut en trouver
sans sortir de chez soi.

G

Souvent les meilleurs matériaux se perdent faute d'ouvriers, il ne s'agit que de tenter.

Que penseriez-vous d'un homme qui, voulant acheter un cheval, ne regarderoit que la housse & le frein sans penser à l'animal! il y a plus encore de folie à ne juger un homme que par les vêtemens, ou par la profession qui est pour ainsi dire l'habit de l'homme moral.

Il est esclave? & pourquoi lui en faire un crime? Tous les hommes ne le sont-ils pas? l'un de la débauche, l'autre de l'avarice, un autre de l'ambition, tous de la crainte. Je vous citerois. . . . . des jeunes gens de la premiere qualité asservis à des comédiennes: l'esclavage le plus honteux c'est l'esclavage volontaire.

Quoi! dira-t-on les esclaves ne différeront plus des clients & des protégés? Les maîtres sont-ils plus difficiles que Dieu même, qui se contente de respect & d'amour?

Sans égard pour sa propre force & pour la foiblesse des autres, le despote s'irrite,

s'emporte, comme s'il avoit essuyé quelqu'outrage, quoique sa puissance dût s'é-
lever au dessus. Il le sait bien: mais ses
plaintes sont un pretexte pour nuire; Il
suppose une injure afin de la rendre.

Le vice est inconstant, il change à tout
instant, non pour être mieux, mais pour
être autrement.

On ne vit pour soi qu'en vivant pour un XLVIII.
autre. Sans doute la bienveillance générale mérite nos premiers hommages, parce
qu'elle unit tous les hommes entr' eux,
parce qu'elle établit une même morale
pour tout le genre humain; mais surtout
parce qu'elle conduit à cette association
plus intime, à la sainte amitié.

Ayez beaucoup de rapports avec l'homme & vous les aurez tous avec votre
ami.

L'un regarde tous les hommes comme
ses amis; l'autre ne regarde pas même ses
amis comme des hommes. L'un prend un
ami pour être aimé, l'autre pour aimer.

Philosophe, homme éloquent, qui que
tu sois, soulage les angoisses de ces mou-

rans: regarde cette foule qui tend les bras vers toi; dans leur affliction dans leur défespoir, ils implorent ton asfiftance: tu es leur unique esperance, toi feul es leur appui. Ils roulent dans le précipice, tu peux les en tirer; ils font errants & disperfés, montre leur le flambeau de la vérité, fais leur diftinguer le fuperflu du nécessaire.

Votre philofophie pleine de fophismes & de vaines fubtilités, n'eft qu'un Dédale de chicanes ténébreufes, mal-honnêtes, avilissantes pour ceux même qui vivent de procès. Quand à force d'arguties vous induisez fciemment en erreur les gens de bonne foi, quel eft votre deffein? de les perdre par la forme. Mais la philofophie comme un Préteur équitable, faura les réhabiliter.

La clarté, la simplicité font les ornements de la vertu.

Quand nous aurions du tems de refte encore faudroit-il le ménager pour nos befoins. Mais avec une vie fi courte pourquoi s'occuper d'études fi frivoles & fi fuperflues?

C'eſt être indifférent & peu ſenſible que
d'avoir beſoin de la vue des lieux pour ſe
rappeller un ami abſent ; mais il peut ſe
faire que les pays où il ſe plaiſoit, réveillent en nous le beſoin de ſa préſence,
& que toujours vivante, mais tranquille
au fond du coeur, ſa mémoire nous remue plus fortement en ces lieux. Ainſi
après la mort d'un objet chéri, la douleur, quoiqu'adoucie par le tems, ſe re-
nouvelle à la vue de ſon esclave, de ſa
maiſon, de l'habit qu'il portoit.

La rapidité du tems eſt incroyable ;
mais pour la ſentir il faut regarder en arriere : elle échappe à l'œil, s'il ſe borne
au préſent, parce qu'une fuite ſi légere ne
laiſſe point de traces.

Tous les tems paſſés ſont concentrés en
un même espace, confondus en un ſeul
amas, apperçus d'un coup d'œil: au de là
c'eſt un abyme où tout s'engloutit.

Notre vie n'eſt qu'un point & moins
encore ; mais ce point la nature l'a diviſé,
pour lui donner une apparence d'étendue ;
elle y diſtingue l'enfance, l'adolescence,

la jeuneſſe, l'âge mûr, la vieilleſſe. Que de parties dans un atome!

Ciceron diſoit que, quand il auroit le double-du tems, il n'en trouveroit pas pour la lecture des lyriques. On en peut dire autant des dialecticiens; ce ne ſont que des fous plus tristes: du moins les lyriques perdent le tems de bonne foi, mais ceux-là ont la manie de ſe croire importants.

Pourquoi vous deſſécher & vous tourmenter ſur des queſtions qu'il y auroit plus d'esprit à laiſſer qu'à réſoudre? lorſqu'on déménage à ſon aiſe & ſans alarmes, on peut emballer jusqu'aux moindres effets : mais quand l'ennemi s'avance, quand le ſignal est donné de décamper à la hâte; la neceſſité fait que le ſoldat jette ce qu'il avoit recueilli dans le loiſir de la paix. Je n'ai pas le tems de chercher des mots à double ſens, & de mettre à l'épreuve ma ſubtilité.

Eh ! laiſſez là vos ſophismes. J'ai ſur les bras une grande affaire; la mort me pourſuit, la vie m'échappe; conſeillez moi.

Comment m'y prendre pour ne point fuir le trépas, ni laiffer fuir la vie.

Ne ceffez de me répéter que ce n'eft pas la longueur, mais l'emploi de la vie qui en fait le bonheur; qu'il eft poffible & même ordinaire d'avoir vécu peu, quoique longtems.

Sur mer la vie n'eft feparée de la mort que par une planche. Nulle part l'intervalle n'eft plus grand. La mort ne fe montre pas toujours auffi près, mais elle l'eft toujours.

L'homme eft naturellement docile; fa raifon eft imparfaite, mais perfectible.

Le langage de la vérité eft fimple. Gardez vous de l'embrouiller, & fongez que ces fubtilités de paroles font incompatibles avec l'enthoufiame des grandes chofes.

Les vices ne viennent pas des chofes, mais des perfonnes.

L. (*)

(*) Cette Lettre contient une anecdote finguliere: Séneque gardoit chez lui la folle de fa femme. Elle avoit perdu la vue fubitement, & notre philofophe attefte comme une chofe très

Notre mal n'eſt pas au dehors , il eſt en nous mêmes , il eſt au fond de nos cœurs : s'il eſt difficile à guérir, c'eſt que nous ne le connoiſſons pas.

La jeuneſſe eſt docile , parce qu'elle eſt privée d'expérience ; elle ſuivroit les pas d'un guide éclairé. On ne ramene difficilement à la nature que l'homme ſoulevé contre elle.

Vous rougiſſez d'apprendre la vertu ! Pour un art de cette importance eſt - il donc humiliant de prendre un maître ! Eſpérez vous que le hazard la fera deſcendre en pluie dans votre ame ?

Les bois tortus peuvent être redreſſés : les poutres les plus courbes , ramollis au feu , perdent leur forme naturelle , & deviennent propres à tel uſage qu'on ſe propoſe. L'ame eſt bien plus facile à pétrir , ſa ſubſtance eſt plus flexible &

vraie , qu'elle ne ſavoit pas être aveugle , & demandoit à ſon conducteur , de la faire déménager , parce qu'on ne voyoit goute dans la maiſon.

plus souple que les corps les plus mous.

La fageffe ne vient jamais qu'après la folie, elle trouve les ames préoccupées ; apprendre la vertu, c'eft défapprendre le vice.

Le vice eft dans l'ame une plante étrangere qui périt aifément ; la vertu s'y trouve dans fon terrein, & s'enracine de plus en plus : elle eft dans l'ordre de la nature, & le vice en eft l'ennemi.

Le premier fentiment de la foibleffe est de craindre ce qu'elle ne connoît pas.

Les autres remedes ne font plaifir qu'après la guérifon ; la philofophie eft à la fois agréable & falutaire.

Si tous les vétements ne conviennent pas également à l'homme de bien ; fi quoi qu'indifférent au choix des couleurs, quelques-unes lui femble incompatibles avec une vie frugale ; il eft auffi des régions que l'homme fage ou qui veut l'être, évitera comme funeftes aux bonnes mœurs.

LI.

Dans le choix des pays n'ayons pas feulement égard à la fanté, mais aux mœurs.

Vous me demandez ce que c'eft qu'être

libre ? C'est de ne dépendre ni des choses, ni du destin, ni des événements, ni
de la fortune.

Une habitation trop délicieuse nous rend
trop délicats: les lieux même, n'en doutez
pas influent sur les hommes: les bêtes de
charge s'accommodent de tous les chemins,
quand leur sabot s'est endurci sur un sol
raboteux : s'il n'a foulé que l'herbe tendre des marécages , il s'use en peu de
tems.

Les guerriers robustes viennent des pays
montueux; la ville ne fournit que des soldats efféminés. Le villageois qui laisse le
soc pour l'épée, n'est rebuté d'aucune fatigue. Le citadin luisant d'essences &
de parfums , succombe dès la premiere
marche.

Un climat rude & sauvage affermit
l'ame , la rend propre aux grands efforts.

Il vaut mieux pour un homme , être
éveillé par la trompette que par une symphonie.

Les voluptés , semblables à ces brigands

que les Egyptiens appellent *Philetas*, n'em-
braſſent que pour étouffer.

Quel eſt cet ennemi ſecret qui nous force de revenir ſur nos pas, quand nous allons, d'avancer, quand nous reculons ;
qui toujours aux priſes avec notre ame,
n'y ſouffre pas de volonté fixe?... C'eſt
la folie dont tous les goûts ſont contradic-
toires ou paſſagers.

Ce n'eſt pas un chetif avantage de pouvoir
être ſauvé par un bienfaiteur ; c'eſt déjà
beaucoup de le vouloir.

Il eſt des hommes qu'on ne pouſſe à la
vertu que par contrainte & par violence.

Dans cette claſſe il ne ſuffit pas d'un guide ni d'un bras, il faut un aiguillon.

Suppoſons deux édifices, pareils en hauteur, en grandeur, en magnificence: L'un
établi ſur un ſol ferme, s'eſt élevé prompt-
tement: les fondations de l'autre, denuées
d'appui, s'écrouloient dans un terrain mobile & fangeux, c'eſt à force de peines
qu'on a gagné le tuf. Le travail de l'architecte ſe montre à découvert dans le premier ; dans le ſecond, il eſt en partie ca-

LII.

ché fous terre. Voilà les hommes. Certains caracteres s'élevent aifément à la perfection ; d'autres exigent des préparatifs, des efforts, des fondations profondes.

Il eft plus heureux d'avoir moins à lutter ; mais plus méritoire de vaincre un naturel indocile, & d'entraîner fon ame plutôt que de la mener à la perfection.

Choififfez (pour guide) le fage dont la conduite eft une leçon ; qui dit ce qu'il faut faire & le prouve en le faifant ; ce qu'il faut fuir & n'eft jamais furpris dans les fautes qu'il a condamnées.... qui gagne plus à être vu qu'entendu.

Quelle honte pour la philofophie de mendier les acclamations ! Le malade loue t-il fon chirurgien dans l'amputation ? Qu'on fache se taire, écouter, fe prêter au traitement. Des cris ! je ne veux que ceux de la douleur, quand je prefferai vos vices.

Fabianus parloit en public, mais on l'écoutoit avec décence, quelquefois une acclamation s'élevoit , mais produite par la grandeur des idées, & non par les charmes d'une période habilement terminée par une chûte mélodieufe.

Sachons mettre de la différence entre les applaudissemens de l'école & ceux du théatre; sachons que la louange même a sa licence.

En physique tous les phénomenes, pour un œil observateur, sont signes les uns des autres ; en morale aussi la moindre indication suffit pour juger les caracteres.

La démarche, le geste, quelque fois une reponse , un doigt porté à la tête, un coup-d'œil, annoncent un débauché. L'homme caustique se décele par son ris; le fou par son air & sa contenance : chaque vice a ses traits & sa physionomie.

Voulez-vous connoître un homme? regardez comme on le loue.

Mille bras s'agitent autour d'un philosophe, mille mains se heurtent à sa droite, à sa gauche , au dessus de sa tête : prenez y garde, ce n'est pas là un panégyrique , c'est une oraison funebre. Eh! gardez toutes ces démonstrations pour les arts qui cherchent des suffrages; la philosophie ne veut que des respects.

Si nous permettons aux jeunes gens un

moment d'enthousiasme, qu'il soit involontaire ; qu'ils ne rompent le silence que parce qu'ils ne peuvent plus le garder : une pareille louange est un aiguillon pour eux, & une exhortation pour l'auditoire.

L'éloquence est nuisible quand elle abandonne les intérêts de la vertu pour les siens.

—— Il faudroit un traité à part, pour enseigner à parler au peuple ; les libertés qu'on peut lui permettre ou se permettre avec lui.

La philosophie a beaucoup perdu à s'être trop familiarisée. Non qu'elle ne puisse se montrer : mais il lui faudroit un sanctuaire au lieu d'une place ; des prêtres au lieu de vils courtiers.

LIII. L'homme vit sans penser même à ses infirmités corporelles, qui pourtant se font quelquefois sentir ; encore moins à celles de l'ame qui se cachent bien mieux, & n'en font que plus graves.

Pourquoi donc ne convient-on point de ses vices ? C'est qu'on les a.

Il faut être éveillé pour raconter ses

fonges, & guéri de fes vices pour les avouer.

C'eſt la philofophie qui nous éveille-ra, elle feule peut diſſiper un fommeil léthargique.

La philofophie eſt impérieufe, elle don-ne l'heure & ne la prend pas ; elle ne veut pas être en fecond, mais l'objet prin-cipal, la fouveraine : elle paroît & veut qu'on obéiſſe. Les habitants d'une ville offroient à Alexandre une partie de leur territoire & la moitié de leurs biens. Je ne fuis pas venu en Afie, dit-il, pour recevoir ce que vous me donnerez, mais pour vous laiſſer la part qu'il me plaira. La philofophie, comme Alexandre, vous dit : Je ne prétens pas recevoir le tems que vous aurez de trop ; contentez vous de la part que je vous ferai.

Que la philofophie foit l'unique objet de votre penſée, votre unique amie, votre fou-tien ; bientôt un intervalle immenfe vous fé-parera des autres hommes ; vous devance-rez tous les mortels, & les Diéux vous devanceront de fort peu. Quelle fera donc

la différence entre eux & vous! Ils du-
reront plus longtems que vous. Mais qu'il
faut d'habileté pour renfermer tout dans
un point!

Un petit nombre d'années est autant pour
le sage, que l'éternité pour les dieux. Il
a même un mérite de plus; la sagesse des
Dieux est due à leur nature, & non à leurs
efforts. Le sublime alliage! Rencontrer dans
le même sujet la foiblesse de l'homme & la
sécurité d'un Dieu.

Que la philosophie a de force contre les attaques du fort! invulnérable, armée de
toutes pieces, impénétrable comme un ro-
cher, elle ne fait que secouer sa robe, &
les fléches tombent sans force à ses pieds:
d'un souffle elle repousse le trait contre l'ennemi qui l'a lancé.

LIV. Mourir c'est n'être pas ce qu'on étoit auparavant.

Ne faudroit-il pas être insensé pour trouver plus malheureuse une lampe, quand elle
est éteinte, que lorsqu'elle n'étoit pas allumée? Eh! bien nous sommes des lampes:
la nature nous allume & nous souffle. Dans

l'intervalle il y a quelques maux à fouffrir ; en deçà & au delà, une fécurité profonde.

Notre erreur c'est de ne voir le trépas
qu'à la fuite de la vie ; il est avant comme
après.

Qu'importe de ne pas commencer ou de
finir ? L'effet eft toujours le même ; il confifte à n'être pas.

Sans doute il feroit plus beau de ne
pas craindre la mort dans un tems où
l'on trouve de l'agrément à vivre. Quel
mérite y a t - il à fortir quand on vous
chaffe ? il y en a pourtant. On me
chaffe ; mais je m'en vais de bon-gré, ou
plutôt. On ne chaffe point le fage.

Etre chaffé c'est partir malgré foi : le fage
ne fait rien malgré lui. Il fe dérobe à la
néceffité , parce qu'il veut ce qu'elle le
forceroit de faire.

—— Il est fatiguant de fe faire longtems porter , & d'autant plus fatiguant
que la nature y répugne : Elle nous
a donné des jambes pour marcher
comme des yeux pour voir. C'est la

LV.

molleſſe qui nous affoiblit ; à force de ne pas vouloir on finit par ne pas pouvoir.

La tempête par ſes flots preſſés & continus, applanit le terrein ; un trop long calme le déſunit, en privant les ſables de l'humidité qui leur ſert de lien.

La philoſophie a quelque choſe de ſi ſacré, de ſi vénérable, qu'on chérit jusqu'à l'impoſture qui lui reſſemble. L'homme oiſif aux yeux du peuple, eſt un philoſophe retiré du monde, libre de ſoins, ſatisfait de lui même, ne vivant que pour lui.

Fuir les perſonnes & les choſes, s'exiler pour le mauvais ſuccès de ſes paſſions, ſe dérober au ſpectacle du bonheur d'autrui, ſe cacher de peur, comme un animal foible & timide ; ce n'eſt pas là vivre pour la crapule, pour le ſommeil, pour la débauche ! On ne vit pas pour ſoi dès qu'on ne vit pour perſonne.

La conſtance, la perſéverance ſont des vertus ſi belles, que la pareſſe même en impoſe, quand elle eſt ſoutenue.

Le lieu ne contribue guere au bonheur ; c'est l'ame qui donne du prix à tout. J'ai vu le chagrin habiter des campagnes délicieuses ; j'ai vu le trouble des affaires au sein de la solitude.

On peut voir ses amis , quoi-qu'absent & les voir aussi souvent , aussi longtems qu'on le veut. Ce plaisir , le plus grand de tous , on le goute encore mieux quand on est éloigné. La présence nous rassasie : après avoir quelquefois conversé ensemble , assis ou en se promenant , une fois separé , l'on se croit dispensé de songer à l'ami qu'on vient de quitter.

Ce qui doit nous faire supporter l'absence avec moins de regret ; c'est que pour être absents , deux amis n'ont pas besoin d'être éloignés. Comptez d'abord les nuits pendant lesquelles ils sont séparés , ensuite les occupations qui les appellent chacun de son coté , puis les études solitaires , & les voyages à la campagne ; & vous verrez que l'éloignement nous prive de peu de choses.

C'est dans le cœur qu'il faut posséder

son ami: là jamais d'abfence; l'ami qu'on défire, on peut le voir tous les jours.

Nous vivrions trop à l'étroit, fans l'imagination à qui rien n'eft fermé.

LVI. Le filence n'eft pas auffi néceffaire qu'on le croit pour la méditation.

Les discours caufent plus de diftraction que les bruits: ils attirent la penfée, tandis que les bruits ne font que remplir & frapper l'oreille.

Il n'y a point de calme s'il n'eft le fruit de la raifon. La nuit n'ôte pas les inquiétudes elle ne fait que les fufpendre, ou plutôt les changer.

Pour les méchans les nuits font orageufes comme les jours. Le vrai calme eft celui de la bonne conscience. Voyez ce riche qui cherche le fommeil dans le filence de fon vafte palais: fes oreilles ne font frappées d'aucun bruit; la foule de fes efclaves eft muette, & fi l'on approche de fon lit, ce n'eft que fur la pointe du pied: neanmoins il s'agite, il fe retourne, il cherche à attrapper un moment du fommeil le plus leger: il n'a rien entendu & fe plaint qu'on l'étourdit. C'est son ame qui bourdonne à ses oreilles.

Ne croyez pas l'ame tranquille, parce que le corps repose : souvent le sommeil n'est qu'un trouble d'une autre espece.

Quand on sent le mal-aise, l'ennemi de soi même, inséparables de l'oisiveté. Le seul remede, c'est l'action, c'est la secousse que procure un travail honnête.

La maxime la plus incontestable, c'est que tous les vices du désœuvrement, l'occupation les dissipe.

Quelque fois l'ennui des affaires, les dégouts d'un poste infructueux & pénible, nous jettent dans la retraite : nous croyons alors l'aimer, mais dans cet exil où la peur & la fatigue nous avoient relegués, l'ambition vient rouvrir toutes nos plaies ; c'est qu'elle n'étoit pas anéantie : elle étoit seulement fatiguée, rebutée par le mauvais succès.

Les vices déclarés sont moins graves ; de même que les maladies qui touchent à la guérison, quand elles causent des érup-

tions, quand elles manifestent leur violence.

L'avarice, l'ambition, les autres maladies
de l'ame, ne font jamais plus funestes,
que dans le calme apparent d'une fausse
guérison: On se croit hors d'affaire, on en
est loin.

Tant que les bruits du déhors intéres-
sent l'ame, c'est qu'elle n'est pas assez ferme, assez retirée en elle-même: il lui reste
quelque inquiétude, quelque vieille peur
qui entretient sa curiosité.

Choisissez un de ces hommes fortunés qui
traînent à leur suite tant de riches effets ;
vous les verrez comme le héros de Virgile,
craindre pour son fardeau. *Comitique one-
rique timentem.*

L'ordre regnera dans votre ame, quand
vous serez sourd à tous les cris ; quand
nulle voix ne vous tirera de vous même ;
ni celle de la flatterie, ni celle de la
menace, ni un mélange confus de vaines
clameurs.

LVII.   Le sage sur qui la fortune n'a plus de

prise, ébranlé, change de couleur comme les autres: il y a des émotions dont, avec toute sa vertu, il ne peut se garantir: c'est la nature qui lui rappelle sa mortalité. Ainsi un spectacle douloureux lui allonge les traits, une apparition subite le fait frissonner, & sur le bord d'un précipice, s'il regarde en bas, sa vue se trouble: je le repete ce n'est pas de la peur, mais des mouvements naturels invincibles à sa raison.

Qu'importe qu'on soit tué par la chûte d'une tuile ou d'une montagne? cependant on craint plus celle - ci; quoique l'autre soit également mortelle. C'est que la peur considere moins l'effet que la cause.

La flamme ne peut être écrasée; elle s'échappe autour du corps qui la comprime. L'air ne peut être ni endommagé par le choc, ni divisé par un tranchant, il cede à l'obstacle, & s'écoule à l'entour. Les éléments de l'ame sont encore plus déliés; elle ne peut donc ni se trouver prise, ni perir étouffée; grace à sa témérité, tous les pores sont perméables pour elle.

Quand la foudre a porté au loin la lumiere & ses ravages, la moindre ouverture lui suffit pour s'en aller. L'ame plus subtile que le feu même trouve des issues par tous les membres: il ne s'agit que de savoir si elle peut être immortelle. S'il est démontré qu'elle survit au corps ; la même cause qui l'empêche de périr la défend contre toutes les attaques. L'immortalité ne souffre pas d'exceptions , & rien ne peut nuire à ce qui est éternel.

LVIII. Nul n'est le même dans la vieillesse & dans l'âge tendre ; ou plutôt nul n'est au matin ce qu'il étoit la veille : nos corps sont des fleuves qui s'écoulent ; le tems fuit, & les objets sensibles avec lui: rien ne demeure, tout change ; & en disant que tout change, je suis déjà changé.

Admirons les formes de toutes choses , qui (selon Platon) voltigent dans l'espace; au milieu d'elles un Dieu bienfaisant qui par sa prudence corrige le vice de la matiere, & sauve du trépas un monde qu'il n'a pu rendre immortel.

L'univers n'est pas indestructible par lui

même ; s'il subsiste & se soutient, c'est par les soins d'un surveillant ; s'il étoit éternel, il n'auroit pas besoin de gardien ; mais il faut que le même bras qui l'a formé, le soutienne & qu'à la foiblesse de l'ouvrage supplée la puissance de l'ouvrier.

Si la vieillesse ne vaut pas un desir, elle ne mérite pas non plus un refus. Il est agréable de rester longtems avec soi quand on s'est rendu une jouissance digne de soi.

La derniere partie de notre âge en est-elle vraiment la lie ? N'en est-ce pas au contraire la portion la plus limpide & la plus pure, quand l'ame a conservé toute sa force, quand des organes sains lui prêtent leur secours ?

Rien n'est plus rare que d'arriver sans accident de la décrépitude à la mort ; mais rien de plus commun que de gémir sous le le faix d'une existence inutile.

La joie n'appartient qu'au sage ; parce que c'est l'élan d'une ame pénétrée de son bonheur & sûre de ses forces.

LIX.

H 5

L'essence de la joie, c'est de ne jamais cesser, ni dégénérer.

Il n'y a pas de fausse joie, mais il y a de faux plaisirs.

La joie de l'ignorant, eût-elle un motif légitime, ne mérite que le nom de plaisir; parce qu'elle est toujours déréglée, toujours voisine du chagrin : comme elle naît du préjugé la raison ne peut la modérer ni la contenir.

Combien d'écrivains se laissent débaucher par l'attrait d'une expression!

Exprimer plus que l'on ne dit est une qualité qui en annonce une bien plus grande ; elle prouve que dans l'ame, comme dans le style, il n'y a point de redondance, point d'enflure.

Le philosophe, comme le poete, a besoin de figures : mais par un autre motif; pour prêter un appui à notre foiblesse, pour rendre les idées plus sensibles au lecteur ou à l'auditeur.

On range en bataillon quarré un corps de troupes, quand on craint l'ennemi de toutes parts, dit Sextius ; le sage doit faire de même , déployer ses vertus dans tous les sens, afin qu'en cas d'attaque , il ait par-tout des troupes , & que, sans confusion , elles obéissent au moindre signal du commandant.

Cette harmonie , suivant Sextius , nous est encore plus nécessaire qu'aux guerriers. Souvent ils craignent l'ennemi sans fondement ; souvent le chemin le plus suspect se trouve le plus sûr : mais pour la folie , jamais de paix ; le front est attaqué comme l'arriere - garde , l'aile droite assaillie comme la gauche ; le péril se montre & devant & derriere ; elle a peur de tout , n'est prête à rien , & redoute jusqu'aux secours qui lui viennent.

Le sage, toujours sur ses gardes , est fortifié contre tous les assauts ; la pauvreté, le deuil, l'ignorance, la douleur auront beau fondre sur lui , jamais il ne reculera ; plein d'assurance il marchera contre ses ennemis, & se mêlera parmi eux.

Pourquoi la folie nous retient-elle avec tant d'acharnement ? C'est que d'abord on la repousse foiblement, on ne marche qu'à pas lents à la vertu. Ensuite les preceptes des sages inspirent trop peu de confiance ; on n'en abreuve pas son ame entiere ; on parcourt trop legerement des objets de cette importance. Et comment apprendre à triompher des vices, quand on n'étudie que dans les intervalles qu'ils nous laissent. Nul n'approfondit la sagesse, on ne fait que l'effleurer ; donner quelques instans à la philosophie, paroît encore trop pour des gens affairés.

Quand la flatterie viendra nous enivrer; chacun à notre maniere disons lui: tu m'assures que je suis sage, mais je vois tout ce que je desire encore d'inutile & de nuisible. Je ne sais pas même ce que la société apprend aux bêtes, quelles sont les limites du boire & du manger : j'ignore jusqu'à la portée de mon estomac.

La complaisance pour soi va si loin qu'on veut être loué d'une vertu, même quand on a le vice contraire.

Qu'est-ce que le sage? C'est un homme plein de joie & d'allegresse, qui dans un calme inébranlable , vit égal aux Dieux.

Etes vous inaccessible à la tristesse? L'espoir ne vous a t-il jamais fait sentir les tourments de l'attente ? votre ame se maintient-elle nuit & jour dans une égalité parfaite, toujours contente d'elle même? dans ce cas vous avez atteint le faîte du bonheur humain.

Si vous cherchez le plaisir partout & quelqu'il soit, sachez qu'il vous manque en sagesse, tout ce qui vous manque en bonheur.

Vous aspirez au bien-être, mais les richesses n'y menent pas; les honneurs n'engendrent que des soucis; tous ces biens qui vous promettent du plaisir, ne font que des germes de douleur.

Tous les hommes courent après le bonheur; mais on ne poursuit que l'ombre; la réalité, on ignore où elle est.

—— Celui-ci la cherche dans les festins & la débauche; celui là dans l'ambition & la foule des clients; l'un dans le bras de sa maîtresse ; l'autre dans les beaux arts

dans cette littérature fuperficielle qui repaît
la vanité, fans guérir les vices. Ils fe lais-
fent tous féduire par des amufemens frivoles & paffagers.

La gayeté folle d'un moment d'ivreffe
eft payée par un long ennui; l'applaudiffe-
ment & les acclamations de la multitude,
coûtent beaucoup à obtenir & plus encore
à expier.

L'ame du fage eft comme la région éthérée, dans une férénité continuelle: voilà
donc un motif pour défirer la fageffe; la
joie l'accompagne toujours; mais cette
joie eft fondée fur la conscience des vertus; cette joie n'eft le partage que de
l'homme jufte, courageux, tempérant.

Quoi! direz vous: la joie n'eft donc
pas faite pour les fous & les méchants.
Pas plus que pour le lion qui a trouvé fa
proie.

La joie des Dieux & de leurs égaux n'a
point d'interruption: elle finiroit fi elle venoit du dehors; mais elle ne dépend de
perfonne parce qu'elle n'eft due à perfonne.
La fortune n'ôte point ce que'elle n'a point
donné.

Quoi! defirer encore ce que vous fouhaitoient votre nourrice, vos pedagogues,
votre mere? & ne pas voir qu'ils ne vous
fouhaitoient que du mal ! vœux barbares
des perfonnes qui nous aiment ! & d'autant plus barbares qu'ils font mieux exau-
cés ! Voilà donc pourquoi tous les maux
s'acharnent fur l'homme dès l'âge le plus
tendre ! C'eft qu'il croît au milieu des ma-
lédictions de fes parens.

Parlons une fois aux dieux fans interêt.
Pour - quoi toujours demander ; comme
fi nous n'étions pas affez grands pour nous
fuffire ?

Il ne faut au taureau que les pâtura-
ges de quelques arpens; à plufieurs Ele-
phants qu'une feule forêt: & pour raffafier
l'homme ce n'eft pas trop de la terre & de
la mer.

Ce n'eft pas la faim qui coûte cher, c'eft
la vanité.

Ces gourmands que Sallufte appelle *les
esclaves de leur ventre*, ne doivent pas être
mis au rang des hommes, mais des bêtes &
quelques-uns même au rang des morts.

XL.

Vivre c'est jouir de soi. Se cacher & rester engourdi c'est faire de sa maison un sepulchre. On peut à la porte graver sur le marbre le nom du maître : il a prévenu la mort.

LXI. Tàchez que chacun de vos jours soit en raccourci votre vie entiere, non que vous le saisissiez comme s'il devoit être le dernier ; mais disposez en comme s'il pouvoit l'être.

La vie n'a pour nous quelques charmes que quand nous avons pris notre parti sur sa durée.

Tàchons de ne rien faire à regret. Ce qui doit arriver, arrivera quoiqu'on fasse.

La nécessité n'est que pour les rebelles ; il n'y en a plus quand on se soumet.

L'esclave qui reçoit sans murmure les ordres de son maître, s'épargne la plus grande peine de la servitude ; il ne fait que ce qu'il veut.

Le malheur n'est pas dans la contrainte mais dans la répugnance.

Il est plus important de se préparer à la mort qu'à la vie.   Nous

Nous avons pour vivre affez de provifions : mais l'avidité n'est jamais contente ; il lui manque & lui manquera toujours quelque chofe.

Ce ne font ni les jours ni les années ; c'est l'ame qui rend la vie courte ou longue.

Ne croyez pas ceux qui vous difent que la foule des affaires les empêchent d'étudier. Les prétendues affaires, ils les fuppofent, ils les exagerent, ils fe les font.

Voulez vous avoir du tems, en avoir beaucoup, & difpofer de vous ? prêtez vous aux affaires & ne vous y livrez pas.

LXII.

Attachez vous à vos amis ; mais fans vous détacher de vous-même.

Les perfonnes avec lesquelles vous n'avez que des rapports de fervices à rendre, de devoir à remplir, elles vous prendront peu de tems. Ne vous arrêtez qu'avec les gens de bien ; de quelque pays, de quelque fiècle qu'ils foient, dirigez vers eux vos penfées.

S'il est impoffible à l'homme de tout

avoir, il peut du moins tout méprifer: &
la voie la plus courte pour être riche c'est
de ne pas s'en foucier.

LXIII.   Soyez affligé de la mort de votre ami,
mais ne le foyez pas trop.

— Je n'ôfe vous confeiller de ne l'être
pas du tout, & pourtant ce feroit le
mieux. Mais où trouver cette fermeté,
fi non dans l'homme fupérieur à la fortune,
encore fentiroit il quelques piqûres & rien
de plus.

Je ne veux pas que la mort d'un ami
nous laiffe les yeux fecs, ni qu'elle les
épuife: Je permets des larmes & non des
pleurs.

Ces fanglots, ces pleurs immodérés, favez vous d'où ils viennent? du defir de
fe montrer fenfible. On ne cede pas à la
douleur, on veut en faire parade: ce n'eft
pas pour foi feul qu'on eft affligé. Mal-
heureufe folie! La douleur même a fon
oftentation.

Quoi donc? Oublierai-je mon ami?
Vous lui affurez un fouvenir bien court
s'il ne doit durer qu'autant que votre

douleur. . . . . . Je ne vous renvoye pas
même au tems qui guérit tous les regrets,
qui calme tous les chagrins: ceſſez de vous
obſerver ; & cet appareil de tristeſſe va
tomber.

Tâchons que le ſouvenir de nos amis
perdus ait pour nous des charmes ; on
n'aime pas à revenir ſur une idée affligeante ; mais s'il est impoſſible que leur
nom frappe nos oreilles ſans bleſſer notre
ame, du moins cette bleſſure même n'est
pas dépourvue de plaiſir.

L'amertume d'un vin trop vieux , l'â-
preté de certains fruits, chatouillent agréablement le palais. Avec le tems la douleur s'émouſſe, il ne reſte plus au fond de
l'ame qu'une douce volupté.

Le ſouvenir d'un ami me plait toujours,
même après ſa mort. Quand je le pos-
ſedois, je m'attendois à le perdre ; après
l'avoir perdu, je crois encore le pos-
ſeder.

Ceſſez de mal interpreter les bienfaits
de la nature ; elle vous ôte un ami ; mais
elle vous l'avoit donné.

Hâtons - nous de jouir de nos amis parce que nous ne favons pas fi nous en joui-
rons longtems.

Que dire de ces infenfés qui négligent
leurs amis vivants & fe defolent de leur
perte ? ils n'aiment que les amis qu'ils
n'ont plus; leur douleur est fans bornes,
parce qu'ils craignent qu'on ne doute s'ils
aimoient. Ils s'y prennent trop tard pour
le prouver.

Avez vous d'autres amis ? Vous les traitez - mal , & les eftimez peu , s'ils font
incapables de vous confoler d'une feule
perte. N'en avez vous pas d'autre ? Ne
vous plaignez pas de la fortune. Mais de
vous même : elle ne vous enleve qu'un
ami , n'aviez vous pu en faire qu'un feul ?
Mais je ne crois pas qu'on ait eu même
un ami , quand on n'en a eu qu'un.

Si un homme depouillé de fon manteau,
fe mettoit à fanglotter , au lieu de s'en
procurer un autre contre le froid ; ne le
regarderiez vous pas comme un fou ? Eh
bien! vous avez enterré l'homme que vous
aimiez ; cherchez quelqu'un à aimer ? au

lieu de pleurer sa perte, songez à la réparer.

Faut-il omettre une vérité parce qu'elle
est commune?

Quand votre douleur resisteroit à la raison, le tems la guériroit! & quel remede
pour un sage, de cesser de pleurer, parce-
qu'il en est las?

Quittons le chagrin, sans attendre qu'il
nous quitte: discontinuez au plutôt ce que
vous ne pourriez faire long tems ; quand
même vous le voudriez.

Les anciens Romains ont fixé à un an
le deuil des femmes, non pour qu'il durât
tout ce tems, mais pour qu'il n'allât pas
au de-là. Quant aux hommes la loi ne
leur a pas fixé de tems, parce que l'honnête ne leur en accorde pas.

De toutes les femmes tendres qu'on a
eu tant de peine à retirer du bûcher, à sé-
parer du cadavre de leurs maris, citez
m'en une seule qui ait eu des larmes pour
un mois.

La tristesse est de tous les tableaux celui dont les spectateurs se lassent le plus.

promptement. Récente elle trouve des confolateurs , elle intéreffe quelque ame fenfible. Vieillit-elle ? On s'en moque , & l'on fait bien, car elle eft ou fauffe ou infenfée.

Le deftin ne fuit pas l'ordre des âges.

Penfons que nos amis font mortels comme nous. Difons nous: fi notre ami eft plus jeune que nous: qu'importe? Il doit mourir aprés moi ; mais il peut mourir avant.

Tout eft mortel & la mortalité n'a pas de regle.

Si comme les fages l'ont publié , un azile nous eft ouvert aprés la mort , celui que nous croyons perdu pour nous , n'a fait que nous précéder.

Que chez vous la fumée trop foible pour allarmer la garde , fuffife pour annoncer la bien-venue de vos hôtes.

LXIV. Les écrits des philofophes n'ont pour la plupart qu'un titre impofant, & le refte eft fans vie ; ils expofent, ils argumentent, ils fubtilifent ; pour vous échauffer.... Ils font trop froids.

Le plus eftimable philofophe eft celui

qui peint le bonheur de la vertu, sans
ôter l'espoir d'y parvenir. Il.... apprend
à la fois qu'elle est sur une éminence, &
qu'on y peut atteindre, si on le veut.

Tel est le caractere de la vertu: on l'admire, & pourtant on espere.

Que d'heureux instans on passe à contempler la sagesse! sa vue cause le même
ravissement que le spectacle du monde; on
croit toujours la voir pour la premiere
fois.

Quel héritage les auteurs des découvertes de la sagesse ont laissé aux hommes!

Il en faut prendre possession. C'est pour
nous qu'ils ont acquis; c'est pour nous qu ils
ont travaillé, agissons en bons peres de famille, augmentons notre patrimoine; & ne
le transmettons pas sans accroissement à
nos neveux. Il reste encore & restera
beaucoup à faire: dans mille siecles il manquera encore quelque pierre à l'édifice.
Mais quand même les anciens auroient tout
découvert, l'application, la connoissance,
l'arrangement de leurs découvertes, seroient
toujours des objets nouveaux. Supposez

que tous les remedes pour les yeux soient
connus: il ne faut plus en chercher d'autres; mais ceux qu'on a, les appliquer suivant les circonstances, les maladies. . . . .
Il en est de même pour les remedes de l'a-
me: ils sont trouvés; mais quand les appliquer, & comment? C'est à nous à le chercher. Les anciens ont tout fait, mais ils
n'ont rien achevé.

La reconnoissance que nous avons pour
nos instituteurs, nous la devons à ces instituteurs du genre humain qui nous ont ouvert la route du bonheur.

Si je rencontre un consul, un Préteur,
je leur témoigne mon respect par toutes les
démonstrations du sage; je descens de cheval, je me découvre, je me range : Et les
deux Catons, & le sage Lælius, & Platon
avec Socrate, & Cleanthe avec Zenon, je
les- recevrois dans mon ame sans vénération! Oui je les vénere: & quand on les
nomme, je m'incline profondément.

LXV. Les Stoïciens reconnoissent deux principes de toutes choses, la cause & la matiere.
La matiere est une masse inerte, suscepti-

ble de toutes les formes, mais privée d'é-
nergie, fi elle n'eft mife en mouvement.
La caufe, c'eft à dire, l'intelligence façonne la matiere, la meut à fon gré,
produit ainfi fes ouvrages divers. Il faut
donc une fubftance d'où les corps foient
formés, & une fubftance qui les forme ;
l'une eft la matiere, l'autre eft la caufe.
Tous les arts font des imitations de la
nature : ce que je dis de l'univers peut
donc s'appliquer aux ouvrages des hommes. Par exemple pour faire une ftatue,
il faut une matiere capable de recevoir
une forme, & un ouvrier capable de la
donner. Dans une ftatue d'airain le me-
tal eft la matiere, l'artiste eft la caufe.
Il en eft de même de toutes les autres
productions humaines; elles réfultent d'u-
ne matiere paffive & d'une caufe agis-
fante.

Ces archetypes ou modeles de toutes
chofes, Dieu les renferme dans fon fein:
il embraffe les dimenfions, les modeles de
tous les poffibles ; fon ame eft le dépôt
de ces figures immortelles, immuables,

inepuisables que Platon appelle idées.
Ainsi les hommes périssent, mais l'humanité qui en est le modele, subsiste éter-
nellement.

Les speculations (sur la cause premiere,
sur la composition de l'univers) ne sont
pas comme vous le croyez, un tems perdu ; quand elles ne dégenerent pas en
minuties, en vaines subtilités, elles rele-
vent l'ame & soulagent.

Notre ame, courbée sous une charge
pesante, voudroit se redresser, retourner
vers les lieux qu'elle habitoit autrefois.
Ce corps est un fardeau, un supplice pour
elle, il la gêne, il l'opprime, il tient dans
les fers, si la philosophie ne vient à son
secours, ne lui offre pour respirer, le
spectacle de la nature, ne la transporte
de la terre au ciel. Ces voyages intellectuels
sont les seuls momens de liberté dont elle
jouisse. Elle s'échappe un instant de sa prison,
& va chercher au ciel de nouvelles forces.
Quand un artiste s'est fatigué les yeux sur
un objet trop délicat, si sa demeure est
sombre & mal éclairée, il sort au grand

air; & dans un lieu confacré aux amufe-
ments du peuple, il va repaître fon organe d'une lumiere abondante. Ainfi notre ame enfermée dans un cachot ténébreux
s'élance tant qu'elle peut vers le ciel &
fe repofe au fein de la nature.

Quoi! me défendre de contempler la nature, m'interdire le tout, pour me réduire
à la partie! Je ne rechercherois pas quels
font les principes de l'univers, quel en eft
l'auteur; quelle main a débrouillé ce cahos
de matiere fans activité; quel architecte a
conftruit ce monde; quelle intelligence a
mis un ordre regulier dans ce tout immenfe; a raffemblé ce qui étoit épars; fé-
paré ce qui étoit confus; levé ce voile
difforme qui couvroit la face de la nature:
j'ignorerois d'où je fuis descendu; fi je ne
verrai ce globe qu'une fois ou plufieurs;
quelle demeure attend l'ame délivrée de
fa captivité! me défendre d'élever mes
penfées vers le ciel, c'eft m'ordonner de
vivre la tête baisfée.

L'homme eft une image du monde; le
Dieu, c'eft fon ame; la matiere c'eft fon

corps. Que la matiere la moins noble obéisse donc à l'autre.

Je ne crains pas de finir, c'est comme si je n'avois pas commencé ; ni de passer : Je ne serai nulle part aussi à l'étroit que dans ce corps.

LXVI. Virgile a tort quand il dit que *la vertu est plus aimable quand elle réside dans un beau corps* (*). La vertu n'a pas besoin de décoration ; son plus bel ornement c'est elle ; & le corps est assez consacré par sa présence.

Un héros peut sortir d'une chaumiere ; & la plus belle ame d'un corps difforme & cassé.

Il me semble que la nature a produit exprès quelques hommes pour prouver que la vertu naît par tout.

Une ame qui connoit la vérité, qui distingue le bien du mal , qui n'approuve les objets que d'après l'opinion, qui par la pensée se porte dans tout l'univers, en suit tous les

______

(*) Gratior est pulchro veniens in corpore virtus.

mouvemens, mais revient de la spéculation
à la pratique; une ame dont la grandeur &
la force ont pour bafe la juftice qui réfifte
aux menaces comme aux careffes, qui
commande à la mauvaife fortune comme à
la bonne, qui s'éleve au deffus des événemens néceffaires ou fortuits, qui ne voudroit pas de la beauté fans décence, de la
force fans tempérance & fobrieté : en un
mot une ame intrépide, inébranlable que la
violence ne peut abattre, ni le fort énorgueillir ni humilier; une telle ame eft le
tableau de la vertu. Voilà fous quels
traits on la verroit fi elle fe montroit toute
entiere.

Le fouverain bien ne peut décroître, ni
la vertu retrograder.

Tout ce que la vertu touche prend fon
image & fa teinte; les actions qu'elle in-
fpire, les amitiés qu'elle forme, les maifons
même où elle entre, participent à fa beauté. La moindre chofe, quand elle y porte la
main, devient aimable, éclatante, admirable
comme elle.

La grandeur, quand elle eſt à ſon comble ne croît plus.

Vous ne trouverez rien de plus droit que la droiture, de plus vrai que la vérité, de plus temperant que la temperance.

Toutes les vertus conſiſtent dans une proportion; & toute proportion à ſa meſure fixe. La conſtance, l'aſſurance, la vérité, la bonne foi, n'ont plus de progrès à faire. Qu'ajouter à la perfection? Rien ou ce n'é- toit pas la perfection. De même pour la vertu: ſi l'on peut y ajouter, elle étoit defectueuſe.

Une marque infaillible d'imperfection c'eſt de pouvoir augmenter.

Les vertus des hommes ſont ſoumiſes toute à la même regle; c'est la droite raiſon qui eſt une & ſimple.

La raiſon n'eſt qu'une portion de l'ame divine placée dans un corps humain, puis que la raiſon eſt divine & que ſans elle il n'y a point de vertu, toutes les vertus ſont divines.

Plaçons ſur la même ligne & la joie dans

le bonheur, & la fermeté dans les tortures : c'est toujours la même grandeur d'ame, tranquille dans le premier cas, en état de guerre dans le second.

Ne faut il pas autant de courage pour soutenir un siege avec constance que pour le pousser avec vigueur. J'admire Scipion quand il bloque Numance, la serre de près, force les assiegés à tourner contre eux leurs invincibles bras. Mais j'admire aussi les braves Numantins qui savent que les lignes ennemies ne ferment pas le chemin de la mort, & qui expirent en héros dans les bras de la liberté.

L'honnêteté ne peut être ni contrainte par la violence, ni souillée par le mélange du mal.

Le plaisir est conforme, la douleur est contraire à la nature.

Comme le soleil par sa lumiere obscurcit l'éclat des flambeaux ; ainsi les traits de la douleur, du chagrin, des injustices sont émoussés par la splendeur de la vertu ; elle brille & tout ce qui n'est pas elle disparoit ;

la douleur lui fait moins d'effet, qu'un nuage qui tombe sur l'océan.

Une action est honnête, le sage y court sans délai : qu'il rencontre en chemin un bourreau, des supplices, des flammes, il persiste, moins occupé de ce qu'il peut souffrir, que de ce qu'il doit faire. . . . Une action honnête, mais pénible & douloureuse est à ses yeux comme un homme vertueux, mais pauvre, exilé, languissant.

La vertu est également louable dans un corps sain & libre, ou malade & garroté.

Les actions de l'homme de bien, libres, indépendantes ne sont pas plus méritoires, quand le sort les seconde, ni moins quand il les contrarie.

Quel pere exerce dans sa famille une censure assez injuste pour préférer celui de ses enfans qui se porte bien à celui qui est malade, celui qui est grand & bien fait à celui qui est petit & difforme?

Ulysse est aussi impatient de revoir les rochers d'Ithaque, qu'Agamennon, les murs fameux de Mycenes. On n'aime point fa patrie comme grande, mais comme patrie.

Toutes les œuvres de la vertu font pour elle autant d'enfans; elle les voit tous du même œil, les aime tous également, mais s'intéreſſe plus à ceux qui fouffrent. Ainſi la tendreſſe des parens eſt plus vive quand la pitié vient s'y joindre.

Les faux biens n'ont que du vuide; ils paroiſſent immenſes à la vue; mais bientôt la balance détrompe les yeux.

Je rends grace à la vieilleſſe.... je lui LXVII. dois beaucoup : ce que je n'aurois jamais dû vouloir, je ceſſe de le pouvoir.

Il y a des vœux clairs, prononcés, spé-cifiés; il y en a d'autres qui ne font qu'im-plicites & généraux. Par exemple je fou-haite une vie honnête: mais une vie hon-nête eſt le reſultat de mille élemens divers: elle renferme & le tonneau de Regulus, & la bleſſure où Caton plongea fa main, & la coupe empoiſonnée, qui fit paſſer Socrate du cachot dans les cieux. Ainſi déſirer une vie honnête, c'eſt déſirer implicite-

ment toutes ces conditions souvent indis-
pensables pour vivre honnêtement.

Quand un sage résiste à la douleur,
peut - être a t - il toutes les vertus à ses
ordres, quoiqu'on n'en voie qu'une & surtout la patience: il a le courage; c'est lui
qui souffre, qui endure, qui persévere; la
prudence, c'est elle qui inspire les réso-
lutions fortes, qui conseille de souffrir
courageusement ce qu'on ne peut éviter;
la constance, c'est elle qui rend l'homme
inébranlable dans ses projets & supérieur
à la violence; enfin il a tout le cortége
des vertus, elle font inséparables. Toutes
les actions honnêtes font executées par
une seule vertu, mais de l'avis de toutes.

Il est des voluptés tristes; il est des
biens terribles, qui n'attirent pas les féli-
citations, mais les respects & les hommages des mortels. Vous ne croyez donc
pas que Regulus souhaitât d'arriver à
Carthage? prenez l'ame de ce héros;
quittez un moment vos préjugés populai-
res: formez vous un tableau fidele de cet-

te vertu sublime, exaltée qui mérite des offrandes non de festons, mais de sueurs & de sang.

N'avoir rien qui vous reveille, qui vous ranime, qui mette votre courage à l'épreuve; ce n'est pas là du calme, c'est une stagnation funeste.

Le Stoïcien Attalus disoit: J'aime mieux que la fortune me resserre dans son camp que dans sa cour.

Rien de plus beau, rien de plus excellent que la vertu. Toutes les actions qu'elle inspire sont bonnes, & par conséquent désirables.

Cachez-vous dans la retraite, mais cachez votre retraite.   LXVIII.

Se glorifier de sa retraite c'est la vanité d'un fainéant.

C'est une façon de montrer sa retraite que de la trop cacher, & de rompre entierement avec le monde.

C'est appeller la foule que de faire de sa retraite la nouvelle publique. Ne songez pas dans votre solitude à faire parler de vous, mais à vous parler à vous même.

Eh que vous dire? ce que les hommes diſent le plus volontiers les uns des autres ; dites vous du mal de vous même.

Je veux qu'on me pardonne ma retraite & non pas qu'on l'envie.

Celui ci l'emporte ſur moi par ſa puiſſance ; celui là par ſes années de ſervice, & les places qu'elles lui ont valu ; un autre par la multitude de ſes clients ; Je ne puis égaler le cortege de l'un, ni le credit de l'autre. Eh bien ! ſoyons vaincus par les hommes & vainqueurs de la fortune.

L'âge le plus fait pour la vertu c'eſt quand l'expérience & les révolutions ont éclairé l'homme, quand ſes organes ſont épuiſés & ſes paſſions apprivoiſées.

La vieilleſſe eſt la ſaiſon du bonheur : & qui devient ſage dans la vieilleſſe, ne le devient que par elle.

LXIX   Pour contenir l'ame il faut commencer par fixer le corps. Le principal effet des remedes vient de leur continuité.

Quand on veut ſe guérir de l'amour, on fuit tout ce qui peut rappeller la perſonne aimée, parce que rien ne ſe rallume auſſi promptement que l'amour. De même pour ne plus regretter les objets dont vous étiez épris, c'est peu de les avoir quittés ; Il faut en détourner pour jamais vos yeux & vos oreilles.

Il n'y a pas de vice qui n'ait un falaire à offrir. L'avarice promet de l'argent ; la débauche mille voluptés differentes ; l'ambition, la pourpre, les applaudiffemens & la puiffance qui en eft la fuite & tout le pouvoir qui accompagne la puiffance. Chaque vice paye une folde ; mais la vertu veut être fervie gratuitement.

On meurt toujours au moment marqué. Et la nature ne vous fait point de tort : le tems qu'elle vous ôte n'eft point à vous.

Nous avons la folie de regarder le ter-LXX. me commun à tous les hommes comme un écueil, tandis que c'eft un port quelquefois défirable.

Quelquefois un vent trop foible fe joue de l'impatience des paffagers & les fatigue par l'ennui d'un long calme , tandis que d'autre fois un fouffle conftant les conduit

très vite à leur deftination. C'eft l'emblême
de notre vie ; elle fait arriver les uns de
bonne heure où il faut arriver tôt ou tard ;
elle tourmente & deffeche les autres par fa
lenteur.

Le bonheur n'eft pas de vivre, mais de
bien vivre.

Vous prétendez que la fortune peut tout
pour celui qui vit encore ; & moi je dis
qu'elle ne peut rien contre celui qui peut
mourir.

Celui qui commence à vivre quand il prévoit
que trois ou quatre jours après fon ennemi
aura le pouvoir de le faire mourir, travaille
vainement pour un autre.

Je choifis le navire fur lequel je veux
m'embarquer, la maifon où je veux loger ;
je choifirai de même la mort qui me fera
fortir de la vie.

Si la vie la plus longue n'eft pas toujours
la meilleure, la mort la plus longue eft toujours la plus fâcheufe.

Chacun doit compte aux autres de fa vie ;
mais pour fa mort il n'en doit compte qu'à
lui même.

Nous sommes (dans cette vie) d'anciens locataires que l'habitude familiarise avec les incommodités de notre demeure.

Un Germain destiné au spectacle du matin, feignit un besoin naturel, & se retira dans le seul endroit où il put aller sans gardes. Il n'y trouva qu'un de ces bâtons terminés par une éponge, faits pour entretenir la propreté de ces lieux. Il se l'enfonça dans le gosier & s'étouffa lui même. C'étoit outrager la mort, j'en conviens; il la reçut d'une maniere indécente & mal-propre: mais il s'agit bien de délicatesse & de propreté quand on meurt. Quel courage dans cet homme! il méritoit au moins qu'on lui laissât le choix de sa mort. . . . qu'on approuve ou qu'on blame l'action de ce Germain intrépide; toujours est-il constant que la mort la plus dégoutante est préferable à la servitude la plus propre.

Il y a quelque tems qu'un malheureux conduit au combat du matin dans un charriot entouré de gardes, feignit de s'endormir ; il laissa tomber sa tête & l'allongea suffisamment pour la passer entre les rayons d'une des roues de la voiture : pour lors il se tint ferme sur son siège jusqu'à ce que la révolution de la roue lui eût brisé les vertebres du col : de cette maniere le chariot même qui le conduisoit au supplice servit à l'y soustraire.

On ne manque jamais de ressources ni d'adresse pour mourir, quand on ne manque pas de cœur.

Dans la seconde Naumachie un barbare se plongea dans la gorge la lance qu'il avoit reçue pour combattre. Pourquoi, disoit il, ne me délivrerois-je pas des tourmens & des outrages qu'on me fait éprouver ? je suis armé, à quoi bon attendrois-je la mort ? Ce spectacle fut d'autant plus mémorable, qu'il étoit fait pour apprendre à des hommes qu'il est plus louable de mourir que de tuer.

LXXI.   Le principal mérite d'un conseil c'est l'à-propos.... les événemens se succedent ou plutôt se pressent ; les conseils aussi rapides qu'eux, doivent naitre dans la

journée; que dis-je? ce tems est encore
trop long; ils doivent éclorre dans le moment, il faudroit, pour ainsi dire, les avoir
sous la main.

On ne peut arranger les détails, que
quand le plan total est bien formé. Un
peintre a beau tenir ses couleurs prêtes,
il ne peut saisir la ressemblance, s'il n'est
pas decidé sur l'objet qu'il veut peindre.
La grande faute des hommes, c'est qu'ils
s'occupent tous des détails de la vie sans
songer à l'ensemble.

Il n'y a pas de vent favorable pour qui
ne sçait dans quel port il veut entrer.

Il nous arrive souvent de chercher ceux
qui sont auprès de nous; de même le
but du souverain bien est quelquefois à
nos cotés, sans que nous nous en dou-
tions.

Croyez fermement qu'il n'y a de bien
que ce qui est honnête, & tous les désagrémens de la vie mériteront le nom de
biens, pourvu toutefois que la vertu leur
imprime le caractere de l'honnêteté.

Il y a des hommes aux quels nous (les

Stoïciens) paroiſſons promettre plus que
ne comporte l'humanité ; c'eſt qu'ils n'en-
viſagent que le corps: qu'ils pénét ent juſqu'à l'ame, & ce ſera ſur Dieu qu'ils me-
ſureront l'homme.

Renoncez à ces frivolités grammatica-
les, à cette philoſophie conténtieuſe qui
reduiſent à des ſyllabes les objets les
plus ſublimes, & qui par une doctrine
minutieuſe rétréciſſent & conſument le
génie.

Quel être dans la nature eſt à l'abri
du changement ? ni la terre ni le ciel,
ni l'immenſe machine du monde n'en ſont
exempts quoique ſous la direction de Dieu
même. L'ordre que nous voyons ne ſub-
ſiſtera pas toujours : chaque jour y cauſe
quelque dérangement. Tous les êtres ont
des periodes fixes ; ils doivent naître,
s'accroître & périr. Ces aſtres que vous
voyez rouler au deſſus de nos têtes, cette
terre ſur laquelle nous nous croyons bien
ſolidement établis, ſe minent ſourdement &
finiront par s'écrouler. Tout a ſa vielleſſe;
les termes peuvent differer, mais le but

est le même. Tout ce qui est ne sera plus, & se décomposera sans pourtant s'anéantir: pour nous la décomposition est un véritable anéantissement, parce que nous ne gardons que ce qui est auprès de nous, parce que nos ames devouées aux corps, n'ôsent porter au delà leurs regards obtus. L'on supporteroit avec plus de fermeté sa mort & celle des siens, si l'on étoit persuadé que la nature n'est qu'une succession de naissance & de morts: que les corps composés se dissolvent; que les corps dissous se recomposent, & que c'est dans ce cercle infini que s'exercent les travaux de l'architecte universel.

Le grand homme doit obéir à Dieu & se soumettre sans murmurer à la loi universelle: Il ne sort de cette vie que pour passer à une vie meilleure, & pour habiter avec les Dieux dans le sein de la gloire & de la paix.

La vertu est droite & n'admet point de courbure; elle est roide & n'admet point d'extension, elle juge tout & rien ne la juge.

C'eſt un mal d'être aſſis à une bonne table, & c'eſt un bien d'être tourmenté ſur un chevalet, ſi l'une de ces deux actions ſe fait honteuſement & l'autre avec honnêteté.

La frugalité eſt une punition pour le gourmand, le travail un ſupplice pour le pareſſeux ; l'homme efféminé prend pitié de l'homme laborieux ; l'étude eſt une torture pour le fainéant. Nous regardons comme dures & inſupportables toutes les actions oppoſées à notre façon d'être ; nous ne ſongeons pas combien il y a de gens pour qui c'eſt un ſupplice de manquer de vin, ou d'être reveillés à la pointe du jour.

Les actions héroïques ne ſont pas difficîles en elles mêmes, c'eſt nous qui ſommes énervés.

Il faut une grande ame pour juger les grandes choſes, ſans quoi nous leur attribuons un vice qui vient de nous.

Les objets les plus droits baiſſés vers la ſurface de l'eau, renvoient à l'œil une image courbe & qui paroît briſée. Il faut non ſeulement conſidérer l'objet apperçu, mais encore la maniere dont il est apperçu.

Il n'est pas surprenant d'être inébranlable dans le calme : mais s'élever où tout le monde s'abaisse, se tenir debout où tout le monde est renversé. Voilà ce qui est vraiment admirable.

De même qu'il y a des couleurs dont la lame se teint en une seule fois, tandis que d'autres ne peuvent s'y incorporer qu'après des macérations & des coctions fréquentes ; de même il y a des sciences qu'on possede aussitôt qu'on les a apprises ; mais pour la sagesse il faut qu'elle pénetre l'ame ; il faut qu'elle y séjourne, sans quoi ce sera une teinte superficielle plutôt qu'une teinture.

La moitié du chemin est faite dès qu'on veut avancer. (dans la sagesse)

LXXII. Il en est de la mémoire comme de ces livres qui restent longtems enfermés dans la poussiere. Comme ces livres elle demande à être déroulée de tems en tems ; il faut pour ainsi dire en secouer tous les feuil-

lets, afin de les trouver en état au besoin.

Les occupations du sage se succedent sans
cesse; il les seme; une seule en fait naître
une foule.

Ne point étudier la philosophie, ou ne
l'étudier que par intervalle, c'est la même chose; elle ne reste jamais à l'endroit
où on l'a quittée. Semblable à un ressort
qui reprend son élasticité après la com-
pression, elle retourne vers le point de
repos aussitôt qu'on cesse de l'assujettir.

Il n'y a point de tems qui ne soit propre
à l'étude du bonheur.

La joie du sage forme un tissu que nulle
cause ne peut rompre, sur lequel la fortune
n'a point de prises.

LXXIII. Personne n'est plus reconnoissant que les
philosophes envers les gens en place; &
avec d'autant plus de raison qu'il n'est
point de citoyens pour lesquels ceux qui
tiennent les rênes du gouvernement travaillent plus que pour les philosophes qu'ils
font jouir des douceurs du repos. Des hom-

mes à qui la sécurité publique procure un accès facile vers la sagesse qu'ils cherchent, se font un devoir d'honorer comme un pere l'auteur d'un si grand bien, & l'aiment plus sincerement que ces courtisans inquiets placés au milieu du tourbillon, qui doivent tout aux princes & les croyent toujours en reste avec eux; & dont on ne peut jamais, quelqu'étendue que l'on donne à sa libéralité, rassasier la cupidité.

Quiconque pense à recevoir, oublie qu'il a reçu.

De tous les hommes qui jouent un rôle dans l'état, il n'y en a pas un qui ne regarde plutôt ceux qui l'ont surpassé, que ceux qu'il laisse en arriere. Il leur est moins agréable de voir une foule qui les suit, qu'importun de voir quelqu'un qui les precede.

Si le sage a de l'estime & de la vénération pour les instituteurs aux quels il doit les premieres semences de la vertu, il n'en a pas moins pour ceux sous la garde des quels il cultive les arts.

Celui qui transporte sur la mer la plus

grande quantité de marchandifes précieufes, fe croit le plus obligé à Neptune; ce Dieu reçoit des facrifices plus fervents des marchands que des paffagers; parmi les marchands mêmes, il éprouve de plus grandes marques de reconnoiffance de celui dont le navire portoit des parfums, de la pourpre & d'autres effets précieux pour les échanger contre de l'or, que de celui qui n'étoit chargé que des marchandifes les plus viles, & pour ainfi dire du rebut du commerce; de même la paix que procure le fouverain, quoiqu'un bienfait commun à tous fes fujets, fait une impreffion plus profonde fur ceux qui en font le meilleur ufage.

Ne fuppofez pas le fage affez injufte pour fe croire quitte de fa part de reconnoiffance d'un bien commun à tout l'état. Je dois beaucoup au foleil & à la lune, quoique ces deux aftres ne fe levent pas pour moi feul. Je fuis obligé en mon particulier à l'année, & à Dieu qui en regle le cours, quoique ce ne foit pas en mon honneur que fe faffe la révolution des faifons.

C'eft la folle avarice des mortels qui en dis-

diftinguant les poſſeſſions & les propriétés, fait que perſonne ne regarde comme
à ſoi, ce qui appartient au public. Le
ſage au contraire ne trouve rien qui ſoit
plus proprement à lui que ce qu'il partage
avec le genre humain. Des biens ne ſeroient plus communs ſi chaque particulier
n'en avoit une partie : la communauté établit toujours un partage, quelques foibles
que ſoient les portions des individus. Ajoutez que les biens réels & importants ne
ſe diviſent pas en petites portions, chacun
jouit de leur totalité.

C'eſt ſurtout la Philoſophie qui apprend
à reconnoitre un bienfait, à le ſentir ; &
quelquefois c'eſt le payer que de l'avouer.
Sextius avoit coutume de dire que Jupiter n'avoit pas plus de puiſſance que
l'homme de bien. Le premier peut ſans
doute faire plus de bien aux hommes ;
mais on n'eſt pas plus vertueux pour être plus
opulent ; entre deux hommes également in-
truits dans la manœuvre d'un vaiſſeau, vous
ne regarderez pas comme plus habile celui
qui aura le bâtiment le plus vaſte & le

plus orné : quel avantage a donc Jupiter au desſus de l'homme vertueux ? celui d'être bon plus longtems.

Jupiter posſéde tous les biens ; mais il en abandonne la jouiſſance aux autres ; il ne ſe reſerve que la ſatisſaction de les ſavoir heureux de ſes bienfaits. Le ſage n'est pas plus jaloux que lui de voir les richeſſes au pouvoir des autres ; il n'en fait pas plus de cas que Jupiter. Il a même cet avantage ſur lui, que ce Dieu ne peut en uſer, & que le ſage ne le veut pas.

Les Dieux ne ſont pas dédaigneux ni jaloux ; ils admettent les hommes dans leur ſociété ; ils leur prêtent même une main ſecourable pour y monter.

Vous êtes ſurpris que l'homme puiſſe s'élever jusqu'aux Dieux ; mais Dieu lui même deſcend chez les hommes & bien plus dans les hommes.

LXXIV. Celui qui a renfermé tous les biens dans l'honnête a le bonheur au dedans de lui même ; mais quiconque connoît d'autres biens tombe au pouvoir de la Fortune & dépend des événemens.

Dans les événemens & les catastrophes violentes, le malheur n'écrase qu'un seul & la crainte les autres.

Si les oiseaux sont effrayés par le son même d'une fronde vuide ; nous tressaillons comme eux au seul bruit des événemens dont nous ne sentons pas les coups.

Quiconque s'est abandonné aux combinaisons du hazard, s'est construit lui même un dédale tortueux d'où il ne pourra jamais se dégager.

Réprésentez vous la fortune donnant des jeux & jettant au milieu de cette immense assemblée du genre humain, des honneurs, des richesses, du crédit: de ces présens les uns se brisent dans les mains de ceux qui les ravissent, les autres sont partagés de mauvaise foi, d'autres sont enlevés au préjudice de ceux auxquels ils étoient échus. On voit des hommes entre les mains desquels ces présens tombent, sans qu'ils y pensent; d'autres les perdent par trop d'empressement, & les laissent échapper en voulant les saisir avec trop d'avidité; ceux même qui sont parvenus à les ravir, ne jouissent jamais longtems de leur butin: auſſi les mieux aviſés fuient du théatre quand ils voient apporter les préſens, ils ſavent que la plus petite part coûte bien cher. On ne ſe bat point avec celui qui ſe retire, on n'a point à craindre les coups en s'en allant; c'eſt autour du butin qu'eſt la mêlée.

Voulez vous ſavoir pourquoi la vertu n'a beſoin de rien? c'eſt qu'elle jouit de ce qu'elle a ſans deſirer ce qui lui manque: tout eſt grand pour elle par ce que tout lui ſuffit.

Ou ces prétendus biens (ceux que le vulgaire ſouhaite) n'en ſont pas, ou l'homme eſt plus heureux que la Divinité qui ne connoît pas ces ſortes de jouiſſances . . . . Il faut donc ou ce qui n'eſt pas croyable, que Dieu ſoit privé de quelques biens, ou de ce qu'il en eſt privé, on conclue que ce ne ſont pas des biens.

C'eſt dans l'ame qu'il faut établir le ſouverain bien, il ſe corrompt en paſſant de la partie de nous même la plus noble à la plus vile, je veux dire aux ſens qui ſont plus vifs dans les animaux privés de la parole.

Que tous les prétendus biens nous approchent, sans s'attacher à nous; qu'en nous quittant ils se séparent de nous, pour nous arracher, servons nous en, sans nous en glorifier; usons en avec économie, songeons que c'est un dépot qu'il faudra rendre un jour: On ne les conserve pas longtems, quand on les posséde sans la raison.

Il y a peu de gens qui se soient séparés à l'amiable de la fortune; ils tombent presque tous en même tems que les objets sur lesquels ils s'étoient élevés; leur piédestal devient leur tombeau.

La puissance immoderée des plus grands états est tombée dans sa fleur même; ces vastes édifices élevés par le courage, ont été ruinés par ce défaut de modération.

Il n'y a point de remparts inexpugnables: c'est dans l'intérieur qu'il faut se retrancher; si cette partie est à l'abri, l'homme peut essuyer des assauts, mais il ne peut jamais être pris: voulez-vous savoir en quoi consiste cette espece de retranchement ? c'est à ne point s'indigner contre les événemens ; à comprendre que tous les maux particuliers tendent à la conservation du tout, sont des anneaux nécessaires de la grande chaîne du monde.

Que l'homme trouve bon tout ce qui plait à Dieu ; qu'il ne s'admire & ne s'applaudisse que parce qu'il ne peut être vaincu ; parce qu'il tient sous ses pieds les maux mêmes ; parce qu'il a su dompter les malheurs, la douleur, les injustices, par la raison, la plus forte de toutes les armes.

Les bêtes féroces par amour pour leurs petits s'élancent contre les dards des chasseurs ; elles ne sont indomptables que par leur férocité & leur fougue téméraire. Quelquefois la passion de la gloire pousse un jeune cœur au travers du fer & des flammes, quelquefois même la seule apparence, l'ombre de la vertu conduit à une mort volontaire. Si la raison a plus de courage, plus de constance que ces mouvemens passagers, ne doit-elle pas aussi s'élancer avec bien plus d'impetuosité au milieu des périls & des allarmes.

Le bien ne peut périr que d'une maniere, c'est en se changeant en mal; ce qui seroit contre la nature qui veut que toutes les vertus & toutes les actions qui en sont les effets, demeurent incorruptibles.

La vertu ne souffre point de place vuide dans l'ame, elle en remplit toute la capacité; elle dissipe tous les regrets; elle suffit seule, parce qu'en elle est la source & l'origine de tous les biens.

Quelques amis de plus ne rendent pas un homme plus sage, quelques amis de moins ne le rendent pas plus insensé. Il n'est donc ni plus heureux ni plus malheureux.

De quelque maniere que la fortune se comporte envers le sage; soit qu'elle lui accorde une longue vieillesse, soit qu'elle renferme sa vie dans des bornes plus étroites, la mesure du souverain bien est la même; quoique celle de l'âge differe. La grandeur ou la petitesse d'un cercle ne change que l'espace & non pas la forme.

La grandeur, le nombre, le tems ne font rien à la vertu: elle ne peut ni s'alonger, ni se raccourcir.

L 4

Quelquefois la vertu étend au loin la sphere de son activité, elle gouverne des royaumes, des villes, des provinces, elle établit des loix, elle cultive l'amitié; elle remplit les devoirs des peres & des enfants, d'autres fois elle est circonscrite dans les bornes étroites de la pauvreté, de l'exil, de la solitude : elle n'en est cependant pas moindre pour être descendue du faîte de la puissance, à l'état de simple particulier; du trône à la cabane; de l'éclat de l'administration publique, à l'obscurité d'une chaumiere ou d'un coin de terre.

C'est le propre de la folie d'agir avec lenteur & murmure, de pousser la machine d'un coté & l'ame de l'autre; d'être partagée entre des mouvemens opposés.

La folie est méprisée par le coté même dont elle s'applaudit le plus; les actions dont elle se glorifie, elle ne les fait pas même avec plaisir.

Voulez-vous être convaincu qu'on ne doit pas se tourmenter de l'avenir? un homme à qui l'on diroit qu'il doit, au bout de cinquante ans, subir des supplices rigoureux, ne se troubleroit qu'après avoir au moins franchi la moitié de cet espace ; il n'iroit pas se plonger dans des inquiétudes qui ne devroient avoir lieu qu'au bout d'un demi-siecle.

Les maux futurs, ainsi que les maux passés, sont absens ; nous ne sentons ni les uns ni les autres ; or il ne peut y avoir de douleur que par la chose que nous sentons.

On n'embrasse pas ses enfants comme sa LXXV. maîtresse ; néanmoins dans ces baisers mêmes, tout respectables & tout modérés qu'ils sont, l'affection paternelle se montre à découvert.

La philosophie ne renonce pas au génie, mais elle ne veut pas qu'on sacrifie bien du travail à des mots, tout notre objet doit se réduire à dire ce que nous pensons & à penser ce que nous disons.

Le philosophe a rempli des engagemens ; quand c'est le même homme qu'on voit & qu'on entend : pour juger de son mérite il faut voir s'il est un, nos discours ne doivent pas chercher à plaire, mais à ins-

truire, fi pourtant l'éloquence s'y joint
fans affectation; fi elle s'offre d'elle même
ou fi elle coûte peu; à la bonne heure;
qu'elle vienne à la fuite d'objets affez importans, pour fe paffer de fes ornemens,
mais qu'elle foit moins occupée de fe montrer que les chofes.

Un malade ne cherche pas un médecin
qui parle bien, mais qui guériffe. S'il fe trouve que le même homme qui eft en état
de le guérir, fache differter avec éloquence fur le traitement de la maladie, la chofe n'en ira que mieux; mais il ne fe felici-
tera pas pour cela d'avoir rencontré un
medecin éloquent: ce feroit comme fi un
pilote joignoit à l'habileté dans fon art
l'avantage de la beauté.

Il n'en eft pas de la Philofophie comme
de bien d'autres fciences qu'il fuffit de
confier à fa memoire; il faut la mettre en
pratique.

L'homme heureux n'eft pas celui qui
fait, mais qui fait.

Il y a des Philofophes qui ne favent
pas qu'ils favent; ils jouiffent de leur ver-

tu mais ils n'ofent pas encore compter fur elle.

Quelle eſt la différence entre les vices & les affections vicieuſes? la voici. Les maladies de l'ame ſont des vices rebels, invétérés; tels ſont l'avarice, l'excès de l'ambition; lorsque ces vices ſe ſont pour ainſi dire incorporés avec l'ame & lui ſont devenus habituels: pour trancher en deux mots, une maladie de l'ame, eſt un jugement opiniatrément faux: c'eſt par exemple celui qui fait regarder comme très deſirable ce qui ne l'eſt que très peu; ou ſi vous l'aimez mieux celui qui fait, ardemmént, ſoupirer pour des objets qui ne ſont que peu ou point déſirables; celui qui fait attacher la plus grande valeur à des objets qui n'en ont que peu ou point du tout. Les affections ſont des mouvemens de l'ame; blamables, ſubits, impétueux qui accumulés deviennent une maladie: c'eſt ainſi que des humeurs qui ſe filtrent trop lentement & qui ne ſont pas encore amaſſées, produiſent la toux; mais leur continuité & leur invétération fait naître la Phthysie.

Songez à cette foule de maux qui vous environnent, voyez combien la méchanceté fait tous les jours de progrès : de combien de crimes on a l'exemple ! combien de désordres publics & particuliers : & vous conviendrez que c'est beaucoup que de n'être pas compté parmi les scélerats.

Nous sommes préoccupés, nous tendons à la vertu au milieu des vices qui nous détournent, jai honte de le dire : nous nous occupons de l'honnêteté quand nous n'avons rien à faire.

La mort n'est pas un mal, les Dieux n'en peuvent faire, il y a autant de foiblesse à faire le mal qu'à le souffrir, la bonté est incapable de nuire.

Des biens purs nous attendent, si de la fange où nous sommes plongés nous parvenons à nous élever au faîte de la sagesse ; ces biens sont la tranquillité de l'ame, l'expulsion des vices & une liberté absolue. En quoi, direz vous, consiste cette liberte ? à ne craindre ni les hommes ni les Dieux ; à ne vouloir rien de honteux, à fuir tout excès, à jouir d'un pouvoir souverain fur foi même ; c'eft un avantage ineftimable de devenir maître de foi.

N'eft-ce pas le comble de la folie que LXXVI. de ne pas apprendre, parce qu'on n'a point appris.

Quoi! la vieilleffe ne m'empêchera pas d'aller au théatre & de me faire porter au cirque ; il ne fe paffera pas un feul combat de gladiateurs fans moi ! & j'aurois honte de me tranfporter chez un Philofophe ! Il faut qu'on ignore & même tant que l'on vit . . . . . oui il faut apprendre à vivre auffi longtems que l'on vit.

Un vieillard qui fréquente une école de la fageffe pour s'inftruire, y enfeigne auffi quelque chofe ; c'eft qu'il faut apprendre jusques dans la vieilleffe.

Il faut entendre fans s'émouvoir les injures des ignorans & quand on marche à la vertu fe mettre au deffus de leurs mépris.

On n'a jamais vu la fageffe tomber par hazard dans l'ame de personne, l'opulence vous viendra d'elle même, les honneurs vous feront déférés, fans que vous les follicitiez; le crédit & les dignités vous feront peut être jettés malgré vous: la vertu ne vous viendra pas de cette maniere; elle ne fe rendra pas même à des efforts médiocres, à des peines légeres.

Tous les êtres ont leur point de perfection; celle de la vigne eft la fécondité; celle du vin la faveur, celle du cerf la vîteffe. Si vous me demandez pourquoi les bêtes de fomme ont les reins forts; je vous répondrai que c'eft parce qu'ils font deftinés à porter des fardeaux. La premiere qualité d'un chien eft la fineffe de l'odorat, s'il eft deftiné à fuivre la trace du gibier; la vélocité, s'il doit le pourfuivre; la hardieffe, s'il doit l'attaquer & le mordre: en un mot la perfection de chaque être eft toujours relative à la deftination, ou à l'ufage qu'on en fait: dans l'homme quelle eft-elle? c'eft la raifon: c'eft par la raifon qu'il s'éleve au deffus des animaux & marche à la fuite des Dieux.

Si donc une chose n'est louable & n'atteint le but de la nature que quand elle est parvenue à la perfection de la qualité distinctive, & si la qualité distinctive de l'homme est la raison; en perfectionnant la raison il deviendra louable & atteindra le but de la nature. Or la raison ainsi perfectionnée est ce qu'on appelle vertu & la vertu n'est autre chose que l'honnête.

Toutes les actions de la vie entiere ne sont modifiées que par la considération de l'honnêteté ou de la honte qui en résultent, c'est sur cette regle que se fonde la distinction de ce qu'il faut faire & de ce qu'il faut omettre.

Si la vertu seule ne peut se corrompre, si elle seule demeure toujours la même; il en résulte qu'elle est le seul bien, puisqu'il ne peut lui arriver de cesser d'en être un.

La sagesse est à l'abri des dangers du changement, elle ne peut être ravie, ni dégénerer en folie.

La vertu passe fierement entre la bonne & la mauvaife fortune & jette fur l'une & l'autre un regard méprifant.

Toute opinion qui repugne à la vérité eft fauffe.

En fuppofant que les ames fubfiftent, dégagées de leurs enveloppes, ce doit être pour jouir d'un état plus fortuné que quand elles habitoient des corps: mais fi les objets dont nous ne jouiffons/qu'à l'aide des organes, font des biens réels, les ames feront plus malheureufes après leur dis-folution; il eft incroyable fans doute qu'une fubftance mife en liberté & rendue à l'univers, foit moins fortunée, que quand elle étoit captive & comme affiégée.

Quoiqu' après la mort (à laquelle on s'eft offert pour fauver fa patrie, fes conci-toyens) l'ame fortie de la fphere humaine ne recüeille aucun fruit de fon action ; néanmoins avant de la faire, la contemplati-on des fuites qu'elle aura, eft un fpecta-cle délicieux, quand l'homme courageux & jufte fe répréfente que les fruits de fa mort feront la liberté de fa patrie ; la con-fervation de tous ceux auxquels il fait le

fa-

sacrifice de sa vie; il jouit de la volupté la plus pure; il savoure le plaisir à longs traits.

Ces hommes puissans que vous voyez vêtus de pourpre ne sont pas plus heureux que les acteurs obligés par leur rôle de porter le sceptre & le manteau royal; après avoir marché fierement devant le peuple élevés sur le cothurne, ils n'ont pas plutôt quitté la scene, qu'ils se déchaussent & se trouvent réduits à leur taille naturelle. De même il n'y a point de vraie grandeur dans les hommes qui ne sont élevés au dessus des autres que par les richesses & les honneurs. Pourquoi donc vous paroissent-ils grands? C'est que vous les mesurez avec leur piédestal. Un nain est toujours petit quoiqu'au sommet d'une montagne; un colosse conserve sa grandeur même au fond d'un puits.

Quand vous voudrez connoître la juste mesure & les justes proportions d'un homme, voyez le nud; qu'il se dépouille de son patrimoine, de ses dignités, de toutes les illusions de la fortune, qu'il se dépouil-

le de fon corps même; c'est fon ame feule qu'il faut confidérer, dont il faut prendre les dimenfions, afin de diftinguer la
grandeur propre de celle qui n'est qu'em-
pruntée.

Un mal prevu a moins de force. Mais
les infenfés qui fe fient à la fortune, regardent tous les événemens comme nouveaux & inopinés.

Pour les ignorans la moitié du mal vient
de la nouveauté.

LXXVII.   Un voyage eft imparfait quand on s'arrête à moitié du chemin, ou en deçà du
terme qu'on s'étoit propofé : mais la vie
n'est jamais imparfaite quand elle eft honnête.

Ne regarderiez-vous pas comme le plus
grand des fous un homme qui fe lamen-
teroit de n'être pas né mille ans plutôt.
Il n'y a pas moins de folie à gémir de ce
qu'on ne vivra pas mille ans plus tard.
N'être plus & n'avoir pas été font la même chofe; ce font deux tems qui ne nous
appartiennent pas.

Vous avez été jetté dans un point de

l'éternité, allongez le tant que vous voudrez, de combien l'étendrez vous?

L'histoire a conservé l'action d'un jeune Lacédémonien qui ayant été fait prisonnier dans un âge tendre, crioit en son langage dorique: non je ne *serai point esclave*; il tint parole, à la premiere fonction servile & avillissante qu'on exigea de lui. (il s'agissoit d'apporter un vase qui servoit à des usages obscenes) il se cassa la tête contre un mur.   La liberté est sous la main, comment se trouve t-il des hommes qui consentent à être esclaves?

Vous voulez vivre? vous le savez donc? vous craignez de mourir? mais la vie que vous menez, n'est-elle pas une mort? César passant un jour par la voie latine, fut abordé par un soldat de sa garde, qui baissant sur la poitrine sa barbe blanche lui demanda la mort. *Est-ce que tu vis?* lui dit le prince.

La vie est comme un drame, ce n'est pas sa longueur; mais la façon dont il est joué qui nous importe.   Il n'est pas question de savoir à quel endroit vous finirez. Finisfez où vous voudrez; faites en forte feulement que le dénouement foit bon.

Il y a quelquefois du courage à vivre.

Des confolations font en effet des remedes: tout ce qui élève l'ame, fortifie le corps en même tems.

Rien ne confole & ne foutient autant un malade que l'attachement de fes amis.

La maladie même a quelquefois fervi à prolonger la vie à quelques hommes: ils ont dû leur falut aux fignes de mort qui parroiffoient en eux.

Ce n'est pas parce que vous êtes malade que vous mourrez, c'est parce que vous vivez.

La nature en mere tendre, nous a conformés de maniere qu'elle a rendu la douleur ou courte ou fupportable. Le fiege des plus grandes douleurs font les parties les plus féches de nos corps; les nerfs, les jointures & les autres parties déliées font fujets à des douleurs aiguës, quand la maladie fe trouve refferrée dans leur étroite capacité: mais ces mêmes parties s'engourdiffent promtement, & la douleur même anéantit leur senfibilité , foit que les esprits animaux détournés de leur cours naturel, & dénaturés perdent ce principe intérieur d'activité qui nous appor- te les sensations ; foit que l'humeur viciée fe trouvant plus de canaux où fe répandre, s'abforbe elle même, & éteigne la fenfibili- té dans les parties où el e s'est répandue.

On a dans les grandes douleurs la confo- lation que fi elles fe font trop fentir, il eft néceffaire de ceffer bientôt de les fentir.

La préfence de la maladie eft fuppor- table quand on méprife les extrémités dont elle menace.

La douleur eft légere quand l'opinion ne l'exag ré point.

Le moyen de rendre la douleur légere n'eft de croire que tout dépend de l'opinion : ce ne font pas feulement les pas- fions telles que l'ambition, le luxe, l'ava- rice qui fe reglent fur elle. La douleur el- le même fe conforme au préjugé. On n'eft malheureux qu'autant qu'on le croit.

L'homme fage doit fupprimer & la crainte des maladies futures, & le fouvenir de cel-

les qui ne font plus ; les unes ne le regardent pas encore, les autres ne le regardent
plus.

Si une maffe vous accable de fon poids,
ou menace de vous écrafer, en vous reti-
rant vous la faites fuivre & vous rendez
fa chûte plus grave par la promptitude
de votre fuite ; tandis qu'en vous tenant
ferme, ou en faifant effort contre elle,
vous déterminez fa chûte vers le coté op-
pofé.

C'eft parmi les fuyards que l'ennemi fait
le plus de carnage ; de même tous les
maux imprévus fe font fentir plus vive-
ment à ceux qui cédent ou qui reculent.

Une maladie courte & précipitée fait
de deux chofes l'une ; elle meurt ou fait
mourir.

N'en doutez pas ; le lit même peut devenir un théatre pour la vertu. Ce n'eft
pas feulement les armes à la main & dans
un champ de bataille qu'on peut donner
des marques d'un courage invincible à la
crainte ; l'homme de cœur fe montre même
fur fon oreiller.

La satiété ne peut avoir lieu dans une vie occupée de tant d'objets variés, sublimes, divins; (comme celle du sage.) ce n'est que la paresse & l'oisiveté qui la menent au dégout d'elle - même.

Le philosophe qui parcourt la nature ne se lasse jamais de la vérité, il ne se rebute que de l'erreur.

La vie la plus longue doit paroître courte à ceux qui ne la mesurent que sur des voluptés sans consistance & par conséquent sans bornes.

Suivant la maxime de Posidonius *un seul jour d'un homme instruit est plus long que la plus longue vie des ignorants.*

Il ne faut ni succomber à l'adversité, ni se fier à la prosperité.

Il faut toujours avoir présens aux yeux tous les jeux que la fortune se permet, comme si elle pouvoit exécuter tout ce qu'elle peut.

Il y a dans la Lycie une région fort con- LXXIX. nue nommée par les habitans *Gephæstion*: c'est un terrein percé de plusieurs canaux que parcourt la flamme sans endommager

aucune des productions qu'on y voit naître. Aussi le pays est fertile & couvert de
plantes ; les feux qui n'ont pas la force de
brûler, ne font que luire par intervalles &
répandre une lumiere languissante.

Il y a bien de la différence entre un sujet épuisé ou traité plusieurs fois. Les matériaux s'accumulent tous les jours ; les
anciennes découvertes ne font aucun obstacle aux nouvelles. Outre cela le dernier
venu jouit d'un grand avantage, il trouve
sous sa main toutes ses expressions : Il n'a
que la peine de les arranger autrement,
pour leur donner une face nouvelle ; en
s'en emparant ce n'est pas le bien d'autrui
qu'il dérobe ; elles font au public.

La sagesse entre autre avantages, a celui-
ci ; c'est qu'on ne peut être surpassé qu'en
chemin : une fois arrivés au faîte, tous les
sages deviennent égaux, il n'y a plus pour
eux d'accroissement.

Il n'y a ni chûte ni feux qui puissent faire écrouler la vertu ; c'est la seule grandeur
qui ne connoisse point d'abaissement ; elle
ne peut ni se porter au delà, ni être ra-

menée en deçà ; ſes dimenſions ſont auſſi invariables que celles des corps céleſtes.

Le beau ſujet de ſe glorifier que d'entrevoir le jour à travers un nuage ! quoique cet état ſoit préférable aux ténebres, ce n'eſt pas encore jouir des avantages de la lumiere.

Notre ame aura ſujet de ſe féliciter, lors que tirée de la nuit profonde où elle ſe trouve plongée, elle n'appercevra plus la clarté confuſément & dans le lointain, mais ſe baignera dans la ſource même de la lumiere, & rendue au ciel ſa patrie, recouvrera le ſieu que lui aſſigne la nobleſſe de ſon origine : elle s'y rendra même avant d'être libre de ſes liens, lors qu'elle ſe ſera débarraſſée des vices, lors que pure & allégée, elle ſe ſera élancée dans la region des idées divines.

La gloire eſt l'ombre de la vertu ; elle l'accompagne même malgré elle ; mais ainſi que l'ombre tantôt précede, tantôt ſuit le corps, de même la gloire marche devant nous, & ſe montre à decouvert ; quelquefois elle ſe tient en arriere, & quand c'est l'envie qui l'a forcée de se cacher, elle est d'autant plus grande qu'elle est plus tardive.

Combien de personnages dont les progrès n'ont été connus qu'après leur mort, & que la renommée a pour ainsi dire déterrés! vous voyez quelle admiration prodiguent à Epicure, non seulement les gens instruits, mais la foule même des ignorans. Eh bien, il étoit inconnu à Athenes, aux environs de laquelle il vivoit dans l'obscurité.

La vertu ne reste point enfouie pour toujours; ce n'est pas un mal pour elle de l'avoir été quelque tems. Un jour la tirera de l'oubli où l'avoit plongée l'injustice de son siecle. C'est être né pour peu de monde que de regarder comme tout son siecle le peuple qui vit en même tems que nous. Il surviendra des milliers d'années & de peuples ; c'est vers eux qu'il faut étendre vos regards.

L'hypocrisie sert peu ; la teinte légere d'un enduit extérieur n'en impose qu'à peu de gens.

La verité, de quelque coté qu'on la regarde, est toujours la même. La fausseté n'a pas de consistance ; le mensonge est transparent ; avec de l'attention on peut voir au travers.

Marcher seul est un avantage très grand pour un homme qui marche par lui même, qui ne suit d'autre route que celle qu'il s'est tracée.

Il faut au corps bien des choses pour entretenir sa vigueur ; l'ame croît par sa propre énergie ; elle se nourrit & s'exerce elle même. Le corps a besoin d'alimens, de boissons, en un mot d'une infinité de soins. La vertu vous viendra sans frais, sans appareil : vous avez en vous même tout ce qui peut vous rendre vertueux. Que vous faut il pour être homme de bien ? le vouloir.

La liberté qui se paie n'est qu'un mot inscrit sur les régistres publics : ni ceux qui l'ont achetée, ni ceux qui l'on vendue n'en font possesseurs : il n'y a que vous qui puisfiez vous procurer ce bien ; c'est à vous que vous devez le demander.

LXXX.

Voulez vous favoir combien la pauvreté eft éloignée d'être un mal?

Comparez les vifages des pauvres & des riches. Les premiers rient plus fouvent & plus franchement: pour eux point de retour d'inquiétude ; s'il s'en préfente quelqu'une c'est un nuage paffager qui fe disfipe en un moment, au lieu que ces hommes aux quels on donne le nom d'heureux, n'ont qu'une gayeté feinte, tandis que la triftesfe les ronge en dedans; maladie d'autant plus grave qu'ils ne peuvent la montrer, & qu'au milieu des chagrins qui les dévorent, il faut jouer fon perfonnage comme fi l'on étoit bien content.

LXXXI.   Vous vous plaignez d'avoir rencontré un ingrat. Si c'est la premiere fois, remerciez en votre difcernement, quoi qu'après tout, en pareil cas, votre difcernement ne puisfe que vous rendre moins libéral.

Pour vous mettre en garde contre l'ingratitude, vous cesferez de faire du bien ; c'est à dire que pour empêcher votre bienfaifance de fe perdre chez les autres, vous l'étoufferez en vous-même.

Laissez aller les bienfaits, dussent-ils ne jamais revenir. Ne faut-il pas semer à la suite d'une mauvaise année? une année d'abondance suffit pour réparer les pertes causées par la stérilité d'un sol ingrat. La découverte d'un homme reconnoissant n'est pas trop payée par un essai sur quelques ingrats.

La bienfaisance peut errer longtems autour du but avant de l'atteindre. On se rembarque après la tempête. Les banqueroutes ne font pas déserter la place aux usuriers. La vie languiroit dans une inertie continuelle, s'il fallait renoncer à tout ce qui peut ne pas réussir.

Tout le monde ne sait pas sentir un bienfait. Un ignorant, un homme grossier, & de la lie du peuple dans la chaleur d'une reconnoissance récente, peut payer un bienfait & le sentir; mais il ignore jusqu'à quel point il est redevable. . . . avec une bonne intention, ou il rend moins qu'il ne doit, ou il choisit mal le tems & le lieu. Au lieu de montrer sa reconnoissance il la répand, il la jette.

Il n'y a que le sage qui sache reconnoitre les bienfaits , de même qu'il eſt le ſeul qui ſache les répandre. Je parle de celui à qui le bien qu'il fait, cauſe plus de plaiſir qu'à celui qui en eſt l'objet.

L'inſenſé peut reconnoître un bienfait mais à ſa maniere & du mieux qu'il peut : ce ſera plutôt la reconnoiſſance que la volonté qui lui manquera. On n'apprend pas à vouloir.

Souvent des tréſors répandus ſur une famille n'ont pas le même effet que mille deniers donnés à propos.

Il y a bien de la différence entre donner & ſecourir ; entre ſauver la vie à un homme , ou la lui rendre plus agréable par ſes libéralités.

Souvent la choſe donnée eſt modique & ſes ſuites importantes.

On eſt dans l'erreur quand on trouve plus de plaiſir à recevoir un bienfait qu'à le reconnoître. S'il eſt plus ſatisfaiſant de rembourſer que d'emprunter ; ne doit-on pas auſſi éprouver plus de joie quand on ſe décharge de la dette d'un bienfait reçu, que quand on se lie par les chaînes de la reconnoissance?

Les bienfaits ont aussi leurs interêts; on a plus à payer quand on paye plus tard. Il y a de l'ingratitude à rendre un bienfait sans arrérages.

La justice n'est pas toute au profit des autres, comme on le croit ordinairement; la plupart des avantages qu'elle procure refluent sur elle. Il en est de même de la reconnoissance, en obligeant les autres, on s'oblige soi-même.

Si les mauvais exemples retombent ordinairement sur ceux qui les ont donnés; si l'on n'a point de pitié pour un homme qui souffre une injustice dont il a montré la possibilité en la commettant lui-même: il n'en est pas de même des bons exemples, ils ne décrivent pas un cercle pour revenir au point d'où ils sont partis.

Je suis reconnoissant non parce que la reconnoissance m'est utile, mais parce qu'elle me réjouit.

Je ne trouve personne qui respecte plus la veru, qui lui soit plus dévoué que celui qui renonce à la réputation d'homme de bien, pour ne pas trahir sa conscience.

Il n'y a point d'ingrat qui ne devienne malheureux ; je dis plus , qui ne le soit déjà.

Ce n'est que la partie la plus foible & la plus légere de la méchanceté qui rejaillit sur les autres: ce qu'elle a de pire, & pour ainsi dire de plus épais reste au fond du méchant & sert à l'étouffer.

La perversité , disoit Attalus , boit elle même la plus grande partie de son venin.

La sagesse embellit tous les services qu'elle a reçus; elle les releve à ses propres yeux; leur souvenir est pour elle une volupté continuë.

Un accusé est absous quand il y a égalité de voix parmi ses juges ; & dans les cas douteux l'humanité penche toujours vers le parti de la douceur: de même le sage, si les services & les torts sont égaux, cessera bien de devoir , mais il ne cessera pas de vouloir être endetté. Il sera comme ceux qui payent nonobstant l'abolition des dettes.

II

Il en coûte souvent beaucoup pour être reconnoissant.

Nous attachons un grand prix au bienfait tant que nous le sollicitons ; nous le déprisons dès qu'il est obtenu.

Voulez-vous savoir ce qui nous fait oublier les bienfaits, c'est l'avidité d'en obtenir de nouveaux. On s'occupe moins de ce qu'on possede, que de ce qu'on veut avoir.

Les honneurs, les richesses, la puissance n'ont rien de séduisant que l'habitude où nous sommes de les admirer, ce n'est pas parce qu'ils sont désirables qu'on les loue, mais on les desire, parce qu'ils sont loués.

Comme les préjugés des individus ont formé le préjugé public, le prejugé public forme à son tour celui des individus.

Il y aura des gens qui feront l'éloge de la volupté ; d'autres qui préfereront les travaux ; des gens regarderont la douleur comme le plus grand des maux ; d'autres ne voudront pas même qu'on lui donne le nom de mal, quelques uns mettront les richeſſes au rang des biens ſuprêmes ; d'autres ſoutiendront qu'elles ne ſont faites que pour le malheur du genre humain ; & que le plus riche des hommes eſt celui à qui la fortune n'a plus rien à donner. Au milieu de cette diverſité de jugemens, vous n'entendrez qu'une voix en faveur de la reconnoiſſance : cette foule d'hommes ſi oppoſés de ſentimens en tout le reſte, ne ſe réunira que ſur ce ſeul point.

On a vu des hommes ingrats pour n'avoir pas pu être aſſez reconnoiſſans.

Il n'y a pas de haine plus dangereuſe que celle que produit la honte d'un bienfait qui rend inſolvable.

LXXXII. La fortune peut faire des outrages au philoſophe, mais il n'eſt pas à craindre qu'il s'en faſſe à lui même.

J'aime mieux être mal que mollement.

La maniere ordinaire de louer la vie d'un homme auquel on porte envie, eſt de dire : voilà un homme *bien à ſon aiſe* : c'eſt à dire : voilà un homme efféminé.

L'ame s'amollit inſenſiblement ; elle perd

fon reffort par l'habitude du repos & de
la pareffe.

Il y a bien de la différence entre fe re-
pofer & s'enterrer.

L'épuifement & l'engourdiffement font
deux excès également dangereux.

Le repos fans les lettres eft une vraie
mort ; c'eft la fépulture d'un homme vivant.

Quelque part que vous vous enfevelis-
fiez, vous entendrez les malheurs de l'humanité gronder autour de vous.

La Philofophie eft un rampart, un mur
impénétrable auquel la fortune, quelques machines qu'elle mette en jeu, ne
peut faire une bréche.

C'eft avoir gagné le port de la fécurité
que d'avoir renoncé aux objets extérieurs,
que de s'être mis à couvert dans la forte-
reffe de fon ame: on voit alors tomber
tous les traits à fes pieds.

La fortune n'a pas les bras auffi longs
qu'on le penfe; elle ne faifit que ceux qui
s'attachent à elle.

Il importe de favoir où l'on va, d'où

l'on vient ; en quoi confiste & le bien & le mal ; ce qu'il faut chercher ou faire, quel eft le moyen de difcerner ce qu'on doit éviter, d'avec ce qu'on doit défirer ; d'apprivoifer les paffions farouches, de reprimer les craintes cruelles: il eft des gens qui s'imaginent que la Philofophie n'eft pas néceffaire pour dompter ces ennemis ; mais le moindre malheur vient- il les furprendre au milieu de leur fécurité, il leur arrache l'aveu cardif de leur foibleffe.

Ce n'eft pas la pauvreté qu'on loue, mais l'homme qu'elle ne fait pas plier, qu'elle ne fubjugue point ; ce n'eft pas l'exil qu'on loue, mais l'homme, qu'il ne fait pas fouffrir. On n'a jamais loué la mort, mais celui à qui elle a ravi fon ame avant de l'avoir troublée: aucune de ces chofes n'eft honnête ou glorieufe en elle-même ; mais quand la vertu vient y mettre fon empreinte, elles le deviennent l'une & l'autre ; elles font pour ainfi dire au premier occupant, & font diverfement caractérifées, fuivant que la vertu ou la méchanceté y mettent la main.

Quelle folie de fuir quand on ne peut reculer !

Les chofes qui n'ont nulle beauté, en reçoivent quand la vertu s'y joint.

Si l'on m'en croyoit, on banniroit cette fcience futile, (la dialectique) à l'aide de laquelle on environne de pieges celui qu'on interroge, pour le conduire à des aveux imprévus, à des reponfes contraires à fa penfée.

Il faut être plus fimple quand on cherche la vérité.

Vos vains fophismes à qui donneront-ils de la fermeté, de l'élévation; ils épuifent l'esprit qui n'a jamais moins befoin d'être refferré, mis à l'étroit, à la gêne, que lorfqu'il eft queftion d'une entreprife importante.

Ce que vous dites eft fubtil; mais quoi de plus fubtil que la barbe d'un épic?

L'homme devroit toujours agir comme s'il avoit des témoins de fa conduite; pen-

LXXXIII.

fer, comme fi l'on pouvoit voir le fond de fon cœur.

Ce qui nous endurcit dans la méchanceté, c'eft qu'on ne porte point fes regards en arriere vers fes actions paffées ; on fonge à ce qu'on fera & même rarement ; mais on ne s'occupe plus de ce qu'on a fait, c'eft pourtant le paffé qui nous apprend ce qu'il faut faire à l'avenir.

L'ivreffe allume & décele tous les vices ; elle écarte la honte, le principal obftacle des projets criminels.

La cruauté vient presque toujours à la fuite du vin ; il aigrit, il envenime l'ame la plus faine.

LXXXIV.   La lecture eft l'aliment de l'esprit ; elle le délaffe des fatigues de l'étude, quoi'qu'elle foit une étude elle-même. Il ne faut pas fe borner à écrire ou à lire uniquement : L'une de ces occupations attrifte & épuife ; je parle de la compofition ; l'autre énerve l'esprit & le relâche. Il faut faire l'un & l'autre tour à tour, ils doivent fe fervir de correctif : ce que la lecture a recueilli, la compofition doit le rédiger.

La méthode eft le principal agent de la mémoire; enfuite avec du foin & de l'application, nous devons réunir pour ainfi dire, en une feule faveur, toutes ces idées éparfes, afin que fi l'on s'appercevoit d'où elles ont été prifes, on s'apperçut en même tems qu'elles ne font pas telles qu'on les a prifes.

A mefure que nous preffons les alimens de l'esprit, ne les laiffons pas dans leur entier, digérons les, fans quoi ils refteront dans la mémoire & ne pafferont pas jufqu'à l'ame.

Il faut que l'esprit cache tous les fecours empruntés, pour ne laiffer voir que l'ufage qu'il en fait. Quand même on retrouveroit en vous quelques caracteres de reffemblance que vous auroit imprimés l'admiration profonde pour votre modele, ce doit être la reffemblance d'un fils avec fon pere, & non celle d'un portrait; un portrait eft fans vie.

Quand c'eft un grand homme qui imite, on ne s'apperçoit pas de qui il imite le ftyle, les pensées, les raifonnements. Les idées qu'il recueille de ses lectures sont pour lui des modeles plutôt que des matériaux; il leur imprime son propre caractere; il en fait un tout unique.

Les richesses sont ou un fardeau ou un danger pour ceux qui les possedent.

L'ambition ne se repaît que de vent, & de fumée, ne connoît point de bornes, craint autant de voir quelqu'un devant elle que derriere, est tourmentée pas l'envie & même doublement. Quel malheur pour un homme d'être à la fois envieux & envié!

Voyez-vous ces palais des grands, ces antichambres qui retentissent de ceux qui viennent leur faire la cour? combien d'affronts pour y entrer! combien d'autres à subir quand on y est entré?

On ne s'éleve au faîte des honneurs que par un sentier escarpé: mais si vous voulez vous élever au sommet de la sagesse, vous verrez à vos pieds la fortune & tout ce qu'on regarde communément comme très grand; ce sera pourtant par un chemin uni que vous y serez parvenu.

Ce n'eſt pas la domination, c'eſt l'abſen- LXXXV.
ce des vices qui conſtitue l'homme vertueux : il ne faut pas qu'il en ait de médiocres , il faut qu'il n'en ait point du
tout.

Si vous accordez quelques paſſions au
ſage , ſa raiſon doit ſuccomber à la longue , elle ſera emportée par le torrent;
d'autant plus que ce n'eſt pas une ſeule
paſſion que vous lui laiſſez; mais toute la
foule des paſſions avec laquelle il lui faudra lutter. Les attaques d'une multitude
d'ennemis foibles viennent à bout des forces d'un ſeul homme, quelque robuſte qu'il
ſoit.

Les animaux tant ſauvages que domeſti-
ques & apprivoiſés n'écoutent pas la raiſon parce que leur nature les rend ſourds
à ſa voix: de même les paſſions, quelques
foibles qu'on les ſuppoſe, n'entendent &
ne ſuivent pas la raiſon.

Si la raiſon fait des progrès les paſſions
ne naîtront pas même: ſi elles commencent malgré la raiſon , elles continueront
en dépit d'elle: en effet il eſt plus aiſé de

s'opposer à leur naissance, que de régler leurs emportemens.

Il n'y a que la vertu qui connoisse la modération : les maladies de l'ame n'en font pas susceptibles ; on les détruit plus facilement qu'on ne les tempere.

Pour peu que vous accordiez d'empire à la tristesse, à la cupidité, & aux autres affections dépravées, elles ne font plus en votre pouvoir, pourquoi ? parce que les objets qui les enflamment font extérieurs à l'homme ; ainsi ces affections croissent ou diminuent felon la force ou la foiblesse des causes qui les excitent. La crainte deviendra plus grande quand elle verra des fujets de terreur plus graves & plus proches, la cupidité plus vive quand elle fera allumée par l'espérance d'un plus grand prix.

S'il n'est pas en notre pouvoir de n'avoir pas de passions, il ne l'est pas davantage d'en avoir de moderées : si vous les laissez commencer, elles croîtront avec les objets qui les ont fait naître ; quelques foibles qu'elles soient d'abord, elles se fortifieront bientôt; le mal ne se tient jamais dans des bornes.

Quelle folie de croire qu'une chose qui ne dépend pas de nous pour son commencement, dépende de nous pour sa fin! comment aurai-je assez de force pour faire cesser ce que je n'ai pas eu assez de force pour empêcher de commencer! vu surtout qu'il est plus facile de fermer la porte aux vices, que de les contenir quand on leur a permis d'entrer.

S'il n'y a de bien que ce qui est honnête, tout le monde conviendra sans peine, que pour vivre heureux la vertu suffit; si réciproquement la vertu seule rend l'homme heureux, on ne pourra disconvenir qu'il n'y ait de bien que ce qui est honnête.

Epicure croit qu'on est heureux avec la vertu; mais il ne veut pas que la vertu suffise pour le bonheur, parce que ce n'est pas la vertu même mais la volupté qui en est la suite, qui rend l'homme heureux: frivole distinction! Il prétend en même tems que la vertu ne se trouve jamais sans la volupté:

fi elle en eft toujours accompagnée, fi elle en eft inféparable ; la vertu fuffit donc feule, puis qu'elle a toujours la volupté, fans laquelle elle n'eft jamais, lors même qu'elle eft toute feule : c'eft dire une abfurdité que de prétendre que la vertu feule peut rendre l'homme heureux, mais non parfaitement heureux.

Il n'y a pas de différence entre une vie heureufe & une vie très heureufe : doutez-vous que le bonheur foit le bien fuprêfe, il eft donc parfait, fi le bien fuprême ne peut recevoir d'accroiffement : car qui a-t-il au deffus du fuprême ?

Si vous fuppofez un homme plus heureux qu'un homme heureux ; à plus forte raifon établirez-vous différentes claffes de fouverains biens, quoique l'on n'entende par fouverain bien, que celui qui n'a pas de degré au deffus de lui.

Si un fage eft moins heureux qu'un autre, il s'enfuit qu'il doit defirer la vie de cet autre préférablement à la fienne : or l'homme heureux ne préfere pas de bonheur au fien : il eft également incroyable

qu'il y ait un état que l'homme heureux puisse préferer au sien, & qu'il ne préfere pas
l'état qui seroit plus heureux que le sien:
au contraire plus il aura de prudence, plus
il soupirera vers l'état le plus heureux,
plus il fera d'efforts pour y parvenir, eh!
comment peut-on être heureux quand on
peut encore desirer ou plutôt quand on le
doit?

On ignore que le bonheur est un: c'est
la qualité & non sa grandeur, qui le consti-
tuë bonheur suprême: qu'il soit long ou
court, étendu ou resserré, distribué en un
grand nombre de lieux ou de parties, ou
réuni en une seule masse, ce sera toujours
le même bonheur: c'est le dépouiller de ce
qu'il a de plus excellent, que de l'apprécier
par le nombre, les dimensions & les parties. En quoi consiste l'excellence du bonheur? c'est dans sa plénitude.

Celui que vous appellez moins heureux
ne l'est pas; le bonheur ne comporte pas
de diminution.

L'homme courageux est sans crainte:
(disent les stoiciens) L'homme sans crainte

est sans chagrins : l'homme sans chagrins est heureux.

Il n'y a qu'un insensé qui ne craigne pas les maux prêts à l'écraser. Sans doute, si ce sont des maux ; mais s'il est persuadé du contraire, s'il ne regarde comme mal que ce qui est honteux, il doit regarder les périls de sang froid & mépriser ce qui fait trembler les autres ; ou si c'est le propre d'un insensé de ne pas craindre les maux ; on les craindra d'autant plus , qu'on sera plus prudent.

L'homme courageux ira donc se livrer aux périls ? nullement ; il ne les craindra pas mais il les évitera. La précaution lui sied, mais la crainte est indigne de lui.

Voulez-vous savoir quels sont les vrais maux ? c'est de céder à ce qu'on appelle des maux, de leur sacrifier sa liberté même à laquelle on devroit tout sacrifier.

C'en est fait de la liberté , si nous ne méprisons toutes les choses propres à nous asservir.

On ne seroit pas embarrassé sur les devoirs de l'homme courageux, si l'on savoit ce que

c'eſt que le courage : ce n'eſt pas un in-
ſtinct aveugle ; ce n'eſt pas l'amour du
danger ; ce n'eſt pas une manie qui fait
chercher ce que tout la monde redoute :
c'eſt la ſcience de diſtinguer ce qui eſt
mal de ce qui ne l'eſt pas ; le courage
s'occupe très ſoigneuſement de ſa propre
conſervation , mais il ſait ſouffrir ce qui
n'a que l'apparence du mal.

L'homme courageux éprouve de la douleur ſans doute ; il n'y a pas de courage
qui puiſſe en garantir l'homme ; mais il n'a
pas de crainte : du faîte de ſon courage il
regarde la douleur ſans y ſuccomber ,
quels ſont donc alors ſes ſentimens , ceux
d'un ami qui exhorte ſon ami malade.

Ce qui eſt un mal eſt nuiſible : ce qui eſt nuiſible détériore l'homme : la douleur & la pauvreté ne détériorent pas l'homme : donc ce ne
ſont point des maux. Ce raiſonnement eſt faux
dit-on , parce qu'une choſe , pour être nuiſible
ne rend pas l'homme pire , la tempête & l'o-
rage ſont nuiſibles aux pilotes , mais ils ne
les rendent pas pires : quelques ſtoiciens
répondent que le pilote devient pire alors ,

parce qu'il ne peut pas exécuter ce qu'il s'est proposé, ni suivre sa route: il ne devient pas pire dans son art, mais dans l'exécution, donc reprennent les peripateticiens, la pauvreté rendra le sage pire dans le même sens: elle ne lui ôtera pas sa vertu, mais elle l'empêchera d'agir. Cette retorsion seroit bonne, si le pilote & le sage étoient dans le même cas: le but du dernier dans la conduite de sa vie n'est pas d'accomplir ce qu'il entreprend, mais de bien executer tout ce qu'il fait: au lieu que le pilote se propose de conduire son vaisseau dans le port. Les arts font des ministres qui doivent tenir ce qu'ils promettent, la sagesse est la maîtresse & la conductrice; les arts font les esclaves de la vie; la sagesse en est la reine.

Je ferois une autre reponse; je dirois que ni l'art du pilote, ni l'application de cet art ne font pires durant la tempête. Le pilote ne vous a pas promis le bonheur, mais des services utiles, & la science de conduire le vaisseau. Or cette science se montre d'autant plus qu'elle est plus con-

se-

raria par des obstacles imprévus. Quand un pilote peut dire: *Neptune, tu ne verras mon vaisseau que droit*, il a satisfait aux regles de son art. La tempête n'empêche pas la manœuvre du pilote, elle n'en empêche que le succès. Quoi! dites vous, n'est-ce pas nuire au pilote que de l'empêcher de gagner le port, de rendre ses efforts inutiles, de faire reculer son vaisseau, de le retenir, de le démâter? ce n'est pas comme pilote, mais comme navigateur que ce sont des maux pour lui: ces événemens, bien loin de nuire à son art, lui fournissent au contraire l'occasion de le développer : dans le calme tout le monde, comme on dit, est pilote. La tempête nuit au vaisseau mais non pas au pilote en tant qu'il est pilote. Il a deux caracteres ; l'un lui est commun avec ceux qui sont dans le vaisseau, dans lequel il est lui-même passager ; l'autre lui est particulier, c'est celui de pilote : la tempête lui nuit sous le premier de ces titres, & non pas sous le second : ajoutez que l'art du pilote est un bien qui lui est étranger, qui ne se

O

rapporte qu'à ceux qui font dans le vais-
feau, comme celui du médecin aux malades qu'il traite, mais la fageffe eft un bien
particulier au fage, quoique ceux avec lesquels il vit, en jouiffent conjointement
avec lui: ainfi quand même la tempête
nuiroit au pilote, en le troublant dans les
fonctions auxquelles il s'eft engagé envers
l'équipage ; la pauvreté, la douleur, les
autres orages de la vie, ne feroient pas le
même tort au fage ; elles ne pourroient lui
interdire que celles de fes fonctions qui
ont rapport aux autres: Il eft toujours en
action ; jamais auffi grand que quand il a
la fortune en tête. C'eft alors qu'il s'occupe véritablement de la fageffe, dont les
fruits, comme nous l'avons dit, ont rapport &
aux autres & à lui même: lors même que
le faix de la neceffité s'appefantit fur lui,
il n'eft pas incapable d'être utile aux autres. La pauvreté le met hors d'état d'enfeigner comment il faut gouverner un empire ; mais il enfeigne comment il faut
gouverner la pauvreté : de pareilles leçons
ont lieu pendant toute la vie.

Il n'y a donc point de fortune, point d'événemens qui empêchent le sage d'agir, faute d'une autre matiere, l'événement même qui l'en prive lui en sert.

Phidias ne savoit pas faire seulement des statues d'ivoire; il en faisoit d'airain; si vous lui eussiez presenté du marbre, ou toute autre matiere plus commune il en eût fait ce qu'on pouvoit en faire de mieux: de même le sage, s'il en a le pouvoir, déployera sa vertu au milieu des richesses; sinon au sein de l'indigence: s'il le peut, dans sa patrie; sinon dans son exil: s'il le peut, comme Général; si non comme simple soldat: s'il le peut, en bonne santé, sinon en maladie: quelque sort qui lui tombe, il en fera quelque chose de mémorable.

Il y a des hommes qui savent dompter les bêtes féroces, qui soumettent au joug les animaux les plus cruels, dont la rencontre est un sujet d'effroi: qui non contens de leur ôter leur caractere farouche, les apprivoisent, jusqu'à les rendre familiers: le lion reçoit le bras de son maître dans sa gueule; Le tigre se laisse carresser par son gardien; un bouffon de l'Ethiopie fait mettre à génoux, & marcher sur la corde un éléphant, le sage a l'adresse de dompter les maux: la douleur, la pauvreté, l'ignominie, la prison, l'exil, les autres infortunes s'apprivoisent auprès de lui.

LXXXVII. Nous possédons bien des choses inutiles que la raison devroit nous faire mépriser, puisque nous n'en sentons pas la perte quand la necessité nous en a privés.

Les tablettes du Philosophe lui servent de bonne chere quand il a du pain, & de pain quand il en manque : elles font de chacun de ses jours, un jour de fête qu'il rend heureux & fortuné par des pensées honnêtes, par des sentimens élevés, qui ne le font jamais tant que lorsque l'ame s'est dépouillée de tout ce qu'elle a d'étranger ; quand elle s'est procuré la paix en ne craignant rien, & des richesses, en n'en désirant point.

Vous êtes de grands calculateurs quand il est question de patrimoine ; vous êtes très clairvoyants quand il s'agit de juger ceux à qui vous devez prêter de l'argent ou rendre service (car les bienfaits même font devenus un objet de calcul): il a de grands biens, dites-vous, mais il doit beaucoup: il a une belle maison, mais achetée des deniers d'autrui: perſonne ne peut pas avoir un cortege plus brillant, mais il ne répond pas aux aſſignations de ſes créanciers : quand il aura payé ſes dettes il ne lui reſtera plus rien:

Vous devriez bien porter la même attention dans les autres objets; examiner ce que chacun poſſede qui ſoit vraiment à lui, vous regardez cet homme comme riche parce qu'il eſt poſſeſſeur d'une vaiſſelle d'or, qui le ſuit même en voyage; parce qu'il a des biens dans toutes les provinces ; parce qu'il a un livre énorme d'échéances; parce que la quantité de terres qu'il poſſede dans les faubourgs de la ville, exciteroient la jalouſie, quand même elles ſeroient placées dans les deſerts de la Pouille: ajoutez à cette énumeration tout ce que, vous voudrez; il n'en ſera pas moins pauvre; pourquoi! c'eſt qu'il

doit: combien? tout ce qu'il a. Devoir à un
homme ou à la fortune n'est-ce pas la même chose! Qu'importent ces mules luisan-
tes d'embonpoint , & toutes appareillées
pour la couleur! qu'importent ces voitures
bien sculptées, ces riches housses de pourpre , ces harnois couverts d'or, tous ces
ornemens ne rendent ni la mule ni le maître meilleurs.

La vertu exalte l'homme & le place au
dessus des objets de l'attachement des mortels ; elle ne craint ni ne désire immodé-
rement ce qu'on appelle des biens ou des
maux.

Quand la fortune va trouver certaines
gens, c'est comme si une piece de monnoie
tomboit dans des latrines.

Un coffre fort ne vaut que parce qu'il contient; ou plutôt il en est regardé comme
l'accessoire; a-t-on jamais attaché à un sac
plein d'autre prix que celui d'argent qui s'y
trouve renfermé ? Il en est de même des
possesseurs d'un riche patrimoine, ils ne sont
que des accessoires , des dépendances de
leurs richesses.

Je ne regarderai pas l'infenfibilité comme un bien: la cigale & la vermine, la
poffedent: je ne regarderai pas même comme des biens le repos & l'exemption d'inquiétudes. Quoi de plus tranquille que le
vermiffeau? quelle eft donc, me demandez
vous, la qualité qui conftitue le fage? la
même qui conftitue la divinité. Il faut
que vous fuppofiez en lui quelque chofe
de divin, de célefte, de fublime.

Le véritable bien n'eft pas le partage de
tout le monde, il ne fouffre pas que le premier venu le poffede.

Le fouverain bien demande un fol particulier; il ne croît pas dans les lieux qui
produifent l'ivoire & le fer: où donc naît-
il? dans l'ame. Si elle n'eft pure & fain-
te elle n'eft pas digne de recevoir la divinité.

Le plus grand fupplice des crimes eft en
eux mêmes: ce n'eft pas au bourreau ni à
la prifon qu'il faut les renvoyer; auffitôt
qu'ils font connus, dans le moment même
qu'on les commet, ils reçoivent leur châtiment.

O 4

Le bien ne peut pas plus naître du mal que la figue de l'olivier.

Les productions sont analogues à la sémence ; les biens ne peuvent dégénerer : si l'honnête ne peut pas naître du mal ; l'honnête & le bien sont la même chose.

Les vrais biens doivent être exempts de toute tache ; ils sont purs ; ils ne souillent pas l'ame ; ils ne la troublent pas , ils peuvent l'élever & la dilater , mais sans l'énorguellir.

Les vrais biens inspirent de la confiance ; les richesses de l'audace : les vrais biens donnent de la grandeur d'ame ; les richesses de l'insolence qui n'est qu'une fausse apparence de grandeur.

Il y a de la différence entre les avantages & les biens : on entend par avantage ce qui procure plus d'utilité que de désagrémens ; mais les biens doivent être purs & sans mélange d'inconvéniens ; il ne faut pas qu'ils aient une utilité relative, mais absolue.

Ce qu'un seul peuple a ravi à tous, il est plus facile à tous de le ravir à un seul.

Il vaut mieux attaquer les vices que de les définir.

Il n'y a d'études vraiment libérales que celles qui rendent l'homme libre; il n'y a que l'étude de la fageſſe qui ſoit ſublime, courageuſe, magnanime; les autres ſont abjectes & viles. Quel bien pouvez-vous attendre de ſciences profeſſées par des hommes vicieux & mépriſables? il faut les ſavoir & non pas les apprendre.

On veut qu' Homere ait été philoſophe; mais les raiſons même qu'on apporte pour le prouver en ſont la réfutation. Tantôt on en fait un Stoïcien qui n'admire que la vertu, qui a la volupté en horreur, & qui ne s'écarteroit pas de l'honnête au prix même de l'immortalité. Tantôt on en fait un Epicurien, ami du repos, paſſant ſa vie au milieu des chants & des feſtins: Tantôt un peripatéticien, admettant trois especes de biens; Tantôt un académicien trouvant partout de l'incertitude. Il eſt évident, qu'il n'étoit rien de tout cela puiſqu'il étoit tout à la fois.

Nous ſommes chaque jour les jouets des

tempêtes de l'ame, la méchanceté nous expose à tous les dangers d'Ulysse. Nous ne
sommes ni à l'abri des attaques de la beauté qui sollicite nos regards, ni des ennemis
qui menacent notre vie d'un coté; ce sont
des monstres farouches aimant à se baigner
dans le sang; de l'autre des voix enchante-
resses qui flattent nos oreilles; là des naufrages & une aussi grande variété de maux
que ceux auxquels il fut exposé.

Apprenez moi comment je dois aimer ma
patrie, cherir ma femme, réverer mon pere, & comment je dois, même après le
naufrage, naviger vers la vertu. . . . . apprenez moi ce que c'est que la pudeur, &
quels biens elle procure; si c'est dans l'ame
ou dans le corps qu'elle consiste.

Vous m'apprenez à ne rien perdre de mon
terrein; mais je veux apprendre à le perdre
tout entier sans chagrin. Mais, direz vous,
c'est du champ de mon pere, de mon ayeul
qu'on me chasse. Répondez moi: avant votre ayeul qui en étoit le possesseur? Pouvez-vous tirer au clair, je ne dis pas quel
étoit l'homme, mais le peuple à qui ce

champ appartenoit ? ce n'eſt pas comme
fermier: de qui ? de votre heritier ſi la fortune vous favoriſe.

Jamais le lendemain ne me trompera ; on
n'eſt trompé que quand on ignore. J'ignore bien ce qui doit m'arriver ; mais je connois ce qui peut m'arriver. Je ne déſeſpe-
rerai de rien mais je m'attens à tout. Si
la fortune me fait grace de quelque choſe, je
m'en félicite ; mais je ſuis bien trompé ſi elle m'épargne. Je ne le ſuis pas même dans
ce cas ; car en même tems que je ſçais qu'il
n'y a rien qui ne puiſſe m'arriver , je ſais que
tout ne m'arrivera pas.

Les premiers élémens de la lecture n'en-
ſeignent pas les arts liberaux , mais y préparent ; de même les arts libéraux , ſans conduire à la vertu , en ouvrent la route.

Quelque branche des choſes divines &
humaines que vous embraſſiez , vous ſerez
accablé ſous le poids des queſtions à pro-
poſer & des ſolutions à trouver. Pour
que cette foule d'objets importans puiſſe
être logée à l'aiſe , il faut bannir de l'ame
tout ce qu'elle a de ſuperflu : la vertu ne

peut demeurer à l'étroit ; immense comme elle est, il lui faut un vaste espace : écartons tout le reste ; que notre ame toute entiere soit à sa disposition.

Il y a une sorte d'intempérance à vouloir savoir plus que le besoin exige.

Il en coûte beaucoup de tems & d'ennui aux autres pour mériter qu'on dise : Voilà un homme bien savant ; contentons nous d'un titre moins relevé, & qu'on dise : voilà un homme de bien.

Ai-je donc oublié ce précepte si salutaire : *ménagez bien le tems*?

N'apprendrai-je jamais à ignorer quelque chose ?

Vaut-il mieux ne rien savoir que de savoir des riens ?

Je ne puis pas dire lesquels excitent plus ma colere, de ceux qui ne veulent pas que nous sachions quelque chose, ou de ceux qui ne nous laissent pas même la consolation de savoir que nous ne savons rien.

LXXXIX. Plut à Dieu que la philosophie, ce spectacle aussi vaste que celui de l'univers,

pût? comme lui se présenter tout à la fois
à nos regards ! elle entraîne sans doute
l'admiration de tous les mortels ; elle leur
feroit méprifer ces vains objets qu'on ne
croit grands que parce qu'on ignore les chofes vraiment grandes.

L'ame du sage sait en embraffer tout l'enfemble à la fois. Ses regards la parcourent
avec autant de rapidité que l'œil parcourt
le ciel.

Il faut divifer la philofophie & non la
hâcher. Il est auffi difficile de faifir les
objets trop petits , que les objets trop
grands.

En divifant trop on tombe dans le même
inconvénient qu'en ne divifant pas : un
corps réduit en poufliere n'offre plus qu'un
amas confus.

La fageffe est la perfection de l'ame humaine ; la philofophie est l'amour & la recherche de la fageffe.

Il y a entre la fageffe & la philofophie la
même différence qu'entre l'avarice qui défire l'argent, & l'argent que défire l'avari-

ce. La sagesse est le produit & la récompense de la philosophie.

Il n'est point de philosophie sans vertu, ni de vertu sans philosophie.

La philosophie est la recherche de la vertu, mais par le moyen de la vertu même ; or on ne peut ni avoir la vertu sans l'aimer ; ni l'aimer sans l'avoir.

Ce sont trois choses fort différentes que de connoitre la valeur des choses ; de démêler les nuances délicates des circonstances ; de contenir ses affections ; de marcher plutôt que de se précipiter vers l'exécution. L'harmonie regne dans la conduite quand l'action ne contredit pas l'intention. L'affection se regle sur la valeur de l'objet, elle est plus ou moins vive selon qu'elle est plus ou moins digne de nos recherches.

Etendez vos domaines le plus qu'il sera possible ; ayez pour métairie ce qui étoit autrefois un empire ; emparez-vous de tout ce que vous pourrez, il en restera toujours bien plus que vous n'en posséderez.

Ecrivez afin de pouvoir lire après avoir écrit. . . . . étudiez non pour favoir plus, mais pour favoir mieux que les autres.

Nous devons aux dieux immortels de vivre, & à la philofophie de bien vivre. Puis donc que la vie eft un moindre bienfait que la fageffe, nous ferions plus obligés envers la Divinité, fi la philofophie n'étoit elle même un préfent des dieux qui n'en ont donné la conhoiffance à perfonne, mais qui ont accordé à tout le monde la faculté de l'acquérir. S'ils euffent rendu ce tréfor plus commun; fi nous naiffions avec la fageffe, elle perdroit le plus précieux de fes avantages, celui de n'être pas au nombre des biens fortuits. En effet ce qu'elle a de plus grand & de plus estimable, c'eft qu'elle n'est point donnée à l'homme, qu'on ne la doit qu'à foi même, qu'on ne l'emprunte point d'un autre: quelle raifon auriez vous d'admirer la philofophie, fi elle étoit l'effet de la bienfaifance?

Jamais elle ne marche fans la juftice, la piété, la religion & tout le cortége des vertus qui fe donnent la main & font unies inféparablement. C'eft elle qui nous apprend à honorer les dieux & à chérir les hommes; parce que les premiers ont l'empire du monde , & que les feconds font affociés à notre fort.

Une union inviolable fubfifta parmi les mortels jufqu'au tems où l'avarice vint rompre les liens de la fociété , & devint une fource de pauvreté même pour ceux qu'elle avoit enrichis. On ceffa de poffé- der tout quand on commença d'aspirer à la proprieté.

La nature indique à celui qui a le moins de talent à fe foumettre à celui qui en a le plus. Le bêtes reconnoiffent l'empire de l'animal le plus grand ou le plus cou- rageux. . . . parmi les hommes le plus grand eft le plus vertueux. C'étoit donc à l'ame qu'on avoit égard dans le choix d'un chef; heureufes les nations où le plus puiffant ne pouvoit être que le plus ver- tueux! on peut tout ce qu'on veut, quand on fait qu'on ne veut que ce qu'on doit.

Les premiers hommes habitoient fous

des

des toits ruſtiques, le chaume couvroit des hommes libres; aujourdhui la ſervitude habite ſous le marbre & ſous l'or.

Lequel des deux trouvez - vous ſage de celui qui a inventé la ſcie, ou de celui qui ayant apperçu un enfant qui buvoit dans le creux de ſa main, briſa la coupe qu'il portoit dans ſa beſace en ſe faiſant ce reproche: inſenſé que je ſuis! combien de tems ai-je porté un meuble très inutile!

Le ſimple néceſſaire exige peu de ſoins; c'eſt la délicateſſe qui nous aſſervit aux travaux.

Nous ſommes nés pour des jouiſſances faciles ; c'eſt nous qui nous ſommes impoſé des peines, par le dégoût de ce que nous avions ſous la main.

La nature ſuffit à ce qu'elle demande; mais le luxe s'eſt écarté de la nature, il s'excite lui même de jour en jour, il s'accroît depuis un grand nombre de ſiecles; le génie eſt devenu une reſſource pour les vices.

On n'entend plus la nature qui nous crie de borner nos déſirs à nos beſoins: Il y a de la stupidité & de la misere à ne vouloir que ce qui suffit.

L'homme le plus fortuné est celui qui n'a pas besoin de la fortune; l'homme le plus puissant est celui qui se commande à lui même.

On ne posséda avec sécurité que quand les possessions furent communes; combien les hommes n'étoient - ils pas riches dans un tems où l'on ne pouvoit trouver aucun pauvre parmi eux?

La vertu n'est pas un présent de la nature; c'est un art que de devenir vertueux.

La vertu n'entre que dans une ame cultivée, éclairée, perfectionnée par un exercice continuel; nous naissons pour elle, mais non pas avec elle, les hommes les mieux nés, avant l'instruction, ont des dispositions à la vertu, mais ne sont pas vertueux.

Un coup inattendu est plus vif, la nouveauté aggrave le malheur; il n'y a personne en qui la surprise n'ait augmenté la douleur.

Eſt-il au monde un être ſi floriſſant que la fortune ne vienne à bout de dépouiller quand elle l'a réſolu, qu'elle n'attaque & n'é-branle avec d'autant plus de force que ſon éclat étoit plus impoſant! qu' y a-t-il de difficile ou d'inacceſſible pour la fortune: elle ne ſuit pas toujours la même route, elle ne fait pas ſentir toute ſa force à la fois, tantôt elle arme contre nous nos pro-pres bras; tantôt contente de ſes propres forces, elle creuſe elle-même l'abyme où elle nous précipite.

C'eſt au ſein de la volupté même que la douleur commence à germer, c'eſt au mi-lieu de la paix que la guerre s'allume; les reſſources même de la ſécurité ſe changent en allarmes; l'ami devient enne-mi, l'allié devient adverſaire.

Quand même toutes les autres cauſes de deſtruction manqueroient, l'excès de la fé-licité ſauroit les engendrer.

La fortune choiſit toujours quelque cir-conſtance nouvelle pour faire ſentir ſa puiſſance à ceux qui pourroient l'avoir ou-bliée.

Mettons-nous sous les yeux toute l'étendue de la destinée humaine: pressentons par la pensée tous les événemens, non seulement ceux qui sont ordinaires, mais encore ceux qui sont simplement possibles, si nous ne voulons pas nous laisser surprendre, & regarder comme extraordinaires les accidens qui ne sont que rares.

Ce n'est pas seulement sur les ouvrages des hommes, sur les monumens de l'industrie & de l'art que le tems porte ses coups. Les sommets des montagnes s'écroulent ; des régions entieres se sont affaissées ; des lieux jadis éloignés de la vue de la mer, sont aujourdhui submergés par les flots.

Tout ce qui subsiste doit périr: la dissolution est le partage de tous les êtres, soit qu'une force intérieure, l'impétuosité d'un vent renfermé, renverse la base sur laquelle ils étoient appuyés ; soit que des torrens cachés & rapides brisent les obstacles qui s'opposoient à leurs cours ; soit que la violence des flammes interrompe la continuité du sol ; soit que la vetusté à qui rien ne réfiste attaque fourdement ; foit qu'un ciel rigoureux faffe émigrer les peuples & que la contagion réduiffe leurs habitations en deferts.

Souvent les outrages de la fortune n'ont été que le prélude de fes faveurs.

Que l'homme fache qu'il n'eft rien que n'ofe la fortune ; qu'elle a les mêmes droits fur les états que fur ceux qui les gouvernent ; le même pouvoir fur les villes que fur ceux qui les habitent.

Nous naiffons inégaux ; mais nous mourons égaux.

L'auteur des lois communes à tout le genre humain, n'a étabii la diftinction de la naiffance & des rangs, que pour le tems où nous vivons ; quand on eft arrivé au terme fatal, il dit à l'ambition de disparoître, & veut que tout ce qui pefe fur la terre, fubiffe la même loi.

La mort a fes envieux qui en médifent, mais aucun de ceux qui en difent du mal n'en a fait l'épreuve.

La raifon divine qui commande à toute la nature n'eft elle-même affervie à rien :

la raiſon de l'homme a le même avantage;
puis qu'elle en eſt une émanation.

Le bonheur ſuprême de l'homme conſiſte
dans la perfection de ſa raiſon; elle ſeule
n'avilit point l'homme, elle ſeule ſe tient
ferme contre la fortune, dans quelque état
que l'homme ſe trouve, s'il la conſerve, elle lui ſert de ſauve-garde.

Comment parvient-on aux vertus qui font
le ſage! en enviſageant la verité ſans nuages, en obſervant dans ſes actions de l'ordre, des bornes, de la décence; en réglant
ſes intentions ſur la crainte de faire du mal
& le deſir de faire du bien; en demeurant
attentif à la voix de la raiſon; en ne s'écar-
tant jamais de ſes traces; en ſe rendant digne
de l'amour & de l'eſtime de ſes ſemblables.
Enfin pour vous tracer en deux mots le portrait du ſage, ſon ame doit reſſembler à l'a-
me divine.

Que peut deſirer l'homme qui a toutes
les vertus en partage! ſi d'autres objets que
la vertu pouvoient contribuer au bonheur,
ils en ſeroient les élémens, il ne pourroit
ſubſiſter ſans eux, eh! quoi de plus inſenſé

que d'attacher le bonheur d'une subftance raifonnable à des objets dépourvus de raifon !

L'ame dégagée d'inquiétudes peut librement promener fes idées fur le fpectacle de l'univers ; rien ne la détourne de la contemplation de la nature.

La volupté eft la jouiffance des bêtes ; mêlange honteux de la raifon & de la folie, du vice & de la vertu : le fublime bonheur que celui qui eft procuré par le chatouillement du corps ! que ne donnez vous donc auffi le titre d'heureux à celui dont le palais eft délicatement organifé ? n'étes vous pas honteux de placer au rang, je ne dis pas des grands hommes, mais même des hommes celui dont le fouverain bien eft le réfultat des faveurs, des couleurs & des fons ?

Si la fanté, le repos, l'abfence de la douleur ne font point d'obftacle à la vertu, ne les rechercherez-vous pas ? je les rechercherai fans doute, non pas comme des biens mais comme des avantages conformes à l'ordre de la nature, que je prends avec difcernement, qu'auront ils de bien alors ! rien que la sagesse de mon choix. Quand je porte un habit décent, quand je marche avec une contenance honnête, quand je soupe comme il convient, ce ne sont ni mes vêtemens, ni ma promenade, ni mon souper qui sont des biens, c'est la maniere dont je les modifie en me contenant dans les bornes que prescrit la nature.

Ce n'est pas dans la chose mais dans le choix que consiste le bien ; ce sont nos actions & non la matiere de nos actions, qui sont honnêtes, ce que je dis des vêtemens doit s'appliquer au corps même, c'est une espece d'habit dont la nature a revêtu l'ame : or estime-t-on les habits par le coffre où ils sont renfermés ?

Il y a surement moins d'intervalle du bonheur suprême, que du malheur au bonheur : quoi ! ce qui a le pouvoir d'arracher un homme aux calamités, & de le mettre au nombre des heureux, n'en a pas assez pour franchir le peu d'espace qui reste de là jusqu'au suprême bonheur ! c'est s'arrêter au sommet de la montagne, la vie est semée d'avantages ; les uns & les autres nous sont extérieurs : si

l'homme de bien n'est pas malheureux, quoiqu'affiegé de tous les malheurs, comment
ne feroit-il pas fouverainement heureux,
quoique privé de quelques avantages, fi le
poids des avantages ne peut le rabaiffer jusqu'à la mifere: la privation des avantages
le pourra-t-elle écarter du point où fe trouve le fouverain bonheur? Il eft parfaitement
heureux fans avantages; comme il eft à l'a-
bri du malheur au fein des avantages: On
peut lui ravir fon bonheur fi on peut le diminuer.

Lors même que quelque corps interpofé
nous prive de la vue du foleil, il eft toujours en action, il fuit fa route; quand il ne
luit qu'entre des nuages il n'a ni moins de
lumiere, ni une marche moins rapide que
lors que le foleil eft pur & ferein, il y a de
la différence entre un obftacle & un empê-
chement. C'eft ainfi que les obftacles ne
font rien perdre à la vertu; elle brille moins,
mais elle n'eft pas moindre pour cela, peut-
être nous paroit elle moins éclatante, mais
elle eft toujours la même à fes propres yeux:

comme le soleil obscurci, elle exerce sa puissance derriere le nuage.

Quel est le principal avantage de la vertu? c'est de n'avoir pas besoin de l'avenir, de ne pas compter ses jours; son bonheur est inébranlable quelle qu'en soit la durée.

Nous ne mesurons la majesté de la vertu qu'avec le compas de notre foiblesse; ou plutôt c'est à nos vices que nous donnons ce nom sacré.

La raison est commune aux Dieux & aux hommes, avec cette seule différence qu'elle est parfaite dans les premiers & perfectible dans les seconds.

Celui qui possede une ame vertueuse, cet homme est égal aux Dieux: il tend vers les cieux d'où il se souvient d'être descendu. On ne peut être blâmé des efforts qu'on fait pour remonter d'où l'on est parti: qui vous empêcheroit de reconnoître quelque chose de divin dans celui qui est une portion de la Divinité, ce grand tout dans lequel nous sommes contenus ne fait qu'un avec Dieu dont nous sommes les compagnons & les membres, notre ame eſt aſſez vaſte pour le contenir; ſon eſſor pourroit l'élever haut ſi les vices ne la ramenoient vers la terre.

La nature en donnant à l'homme une poſition droite, une tête levée vers les cieux lui a donné une ame capable de s'étendre autant qu'elle veut; de vouloir les mêmes choſes que la divinité, ou d'employer ſes forces comme elle; de prendre tout l'espace dont il a beſoin pour agir.

L'homme de bien ſçait que les richeſſes ſont placées ailleurs que dans l'endroit où on les dépoſe; que c'eſt l'ame & non le coffre, qui doit être remplie; que c'eſt à elle qu'il faut donner le commandement univerſel; que c'eſt elle qu'il faut mettre en poſſeſſion de la nature, comme d'un bien qui lui appartient, que l'orient & l'occident lui ſervent de bornes; que ſemblable aux Dieux elle poſſede tout; que de ſa hauteur elle mépriſe avec toutes leurs richeſſes, ces riches dont aucun n'eſt auſſi heureux de ce qu'il a, que malheureux de ce qu'il n'a pas.

Il prend ſoin de ſon corps, ce fardeau néceffaire ; mais il n'en eft pas l'efclave ; il ne fe foumet pas à celui qui eft fubordonné ; on n'eft pas libre quand on s'eft mis dans la dépendance du corps.

XCIII.   Rien de plus commun que des gens équitables envers les hommes ; rien de plus rare que des gens équitables envers les Dieux.

Lequel des deux, je vous prie, eft donc le plus jufte, que vous obéiffiez à la nature, ou que la nature vous obéiffe ?

Penfons à vivre affez & non à vivre longtems : pour vivre longtems vous avez befoin du deftin ; pour vivre affez vous n'avez befoin que de vous même, la vie eft longue, quand elle eft remplie, elle eft remplie quand l'ame s'eft procuré le feul bien qui lui convienne ; quand elle s'eft affuré le droit exclufif de fe maîtrifer.

Que fervent à cet homme quatre-vingts ans paffés dans l'inaction ? ce n'eft pas avoir vécu, mais avoir féjourné dans la vie ; ce n'eft pas être mort tard, c'eft avoir été mort très longtems.

Tâchons de rendre notre vie femblable aux métaux précieux qui ont beaucoup de pefanteur fous un petit volume.

Voulez-vous favoir la différence qu'il y a entre l'homme plein d'énergie qui brave la fortune, qui après avoir paffé par tous les grades de la vie humaine, s'eft élevé jusqu'au bonheur fuprême, & l'homme qui a vu feulement s'écouler un grand nombre d'années? L'un exifte même après fa mort, l'autre ne vivoit pas même de fon vivant.

La durée de ma vie ne dépend pas de moi; la durée de ma vertu en dépend, exigez de moi de ne point parcourir dans les tenebres une carriere ignominieufe, de vivre & non pas de traverfer la vie. Voulez-vous favoir quel en eft le terme le plus long? C'eft d'aller jusqu'à la fageffe ; quand on y eft parvenu on a frappé le but, fi ce n'eft le plus éloigné au moins le plus glorieux.

La mort fe jette dans la foule ; celui qui tue, fuit de près celui qu'il a tué ; c'eft pour un moment que nous nous tourmentons. Eh ! que vous importe d'éviter quelque tems ce que vous ne pouvez éviter toujours ?

La vifion eft un avantage naturel, c'eft feconder la nature, que d'écarter les ob-

XCIV.

ſtacles qui s'oppoſent à l'organe ; mais la
nature ne nous enſeigne pas de même ce
qu'exige de nous chaque devoir : de plus,
la guériſon d'une fluxion, le recouvrement
de la vue, ne mettent pas le convalescent
en état de rendre la vue à d'autres ; mais
quand on eſt guéri de la méchanceté, on
peut en guérir les autres ; il n'eſt beſoin
ni d'exhortations ni même de conſeils pour
faire ſaiſir à l'oeil les propriétés des couleurs, il ſaura bien, ſans qu'on l'en aver-
tiſſe, diſtinguer le blanc du noir, au contraire l'ame a beſoin d'une multitude de
préceptes pour apprendre comment elle
doit agir dans les diverſes circonſtances de
la vie.

Ces préceptes ſont inefficaces pour guérir
l'ame de ſes préjugés ; mais cela n'empêche pas qu'ajoutés au dogme, ils ne puis-
ſent être profitables, d'abord ils en rafraî-
chiſſent la mémoire, enſuite ce qu'on ne
voyoit que confuſément dans l'enſemble, ſe
montre plus diſtinctement dans les détails ;
ſinon il faut que vous regardiez auſſi comme ſuperflues ces exhortations & les con-

folations; fi elles ne le font pas, les avis ne le font pas d'avantage.

La medecine ne triomphe pas des maladies incurables ; cependant elle employe dans certains cas des remedes, & dans d'autres des palliatifs. La philofophie générale elle même auroit beau réunir toutes fes forces, elle ne pourroit pas guérir une dépravation endurcie & invétérée: mais de ce qu'elle ne peut guérir tous les maux : s'enfuit-il qu'elle n'en peut guérir aucun?

Quelquefois nous favons plufieurs chofes, fans y faire attention ; les avertiffemens n'inftruifent pas mais ils réveillent l'attention, ils fixent la mémoire, ils y gravent les objets. Il y a mille objets devant lesquels nous paffons fans les voir ; les avis font une espece d'exhortation ; il n'y a pas de mal à inculquer la connoiffance des chofes mêmes les plus connues.

Les avertiffemens quoique dépourvus de preuves font impreffion par le poids feul de celui qui les donne ; c'est ainfi qu'on s'en rapporte aux décifions des jurisconfultes

quoi qu'ils ne les motivent pas : d'ailleurs
les preceptes ont par eux mêmes un grand
poids, quand ils font renfermés dans la
mefure d'un vers, ou fi l'on écrit en profe, refferrés dans une phrafe courte & fail-
lante, telles font ces maximes de Caton ;
*Achetez non pas ce dont vous avez befoin,
mais ce dont vous ne pouvez vous paffer :
une chofe inutile eft trop chere, quand même elle ne coûteroit qu'une bagatelle.*

Les ames humaines apportent en naiffant
les germes de tous les fentimens honnêtes ;
les avertiffemens les développent, comme
un fouffle léger étend les feux d'une étincel·
le ; la vertu pour fe réveiller n'a befoin que
d'un taĉt, d'une impulfion ; outre cela il y
a des verités qui ne fe trouvent qu'implici-
tement dans l'ame & qui ne fe manifeftent
que quand on les entend débiter ; il y en
a d'autres qui font éparfes & difféminées,
& qu'on ne peut recueillir quand on manque d'exercice ; il faut les raffembler, les
combiner, afin qu'elles aient plus de force
& foient d'une utilité plus grande : ou fi

les

les préceptes ne servent à rien , il faut
supprimer toute éducation.

Les préceptes contribuent à la nourriture , à l'accroissement de l'esprit: ils ajou-
tent de nouveaux motifs de conviction à
ceux qu'on a déjà , ils réforment les idées
perverses.

Quand un homme n'a pas de bons principes, quand il est l'esclave des vices ; à
quoi , dit-on , peuvent lui servir les avertissemens ? à lui faire rompre ses chaînes:
la lumiere naturelle n'est pas éteinte en
lui, elle n'est qu'obscurcie , éclipsée: dans
l'état même où il est , il lutte contre la
perversité , il fait des efforts pour se rele-
ver : s'il trouve un appui & des secours
dans les préceptes , il recouvre la santé ,
pourvu néanmoins que ce long poison
n'ait fait que rendre son ame malade , sans
la tuer; car alors la philosophie dogmati-
que elle même , avec tous ses efforts réu-
nis , avec toute l'énergie dont elle est capable , n'opéreroit pas une resurrection.

Quelle différence y a t-il entre les dogmes & les préceptes de la philosophie ,

sinon que les premiers sont des préceptes généraux & les seconds des préceptes
particuliers?

Quand un homme a des principes justes & honnêtes, dites vous, les avertissemens sont superflus pour lui. Point du tout
il a veritablement appris à faire ce qu'il
doit, mais il ne le voit pas encore assez
distinctement, non seulement les passions
nous empêchent de faire ce que nous ju-
geons le plus honnête; mais notre inexpé-
rience ne nous éclaire pas assez sur ce
que les cas particuliers exigent de nous:
quelquefois l'ordre regne dans notre ame;
mais elle est languissante, elle n'est pas
assez exercée pour trouver la route des
devoirs; alors les avertissemens suppléent
à son insuffisance.

Quand nous aurons fondé sur des argu-
mens solides les idées du bien & du mal,
il restera toujours un rôle à jouer aux préceptes. La prudence & la justice ont des
devoirs à remplir; & les devoirs sont du
ressort des préceptes. D'ailleurs les idées
du bien & du mal se fortifient par la pra-

tique des devoirs fur lesquels les préceptes font toujours d'accord avec les principes ; on ne peut établir ceux-ci que ceux
là n'en foient la conféquence.

Les préceptes nécefaires & importans
ne font pas infinis: s'il y a des différences
legeres qu'exigent les tems, les lieux ; ces
nuances même font comprifes dans les préceptes généraux.

On ne s'eft jamais avifé de traiter la folie par des préceptes: il n'eft pas plus fen-
fé de s'en fervir pour guérir la méchanceté: le cas n'eft pas le même ; en guéris-
fant la folie on ramene la fanté ; mais en
banniffant les fauffes opinions, on ne procure pas en même tems le discernement
des actions. Et quand l'un feroit une conféquence de l'autre, les avertiffemens don-
neroient une idée faine du bien & du mal.
D'un autre côté il n'eft pas vrai que les
préceptes ne fervent de rien aux infenfés.
S'ils ne font pas utiles feuls, du moins ils
contribuent à la cure: les menaces & les
châtimens contiennent les fous ; je ne parle
que de ceux qui ont l'ame dérangée, &

non de ceux qui l'ont totalement perdue.

Les lois ne perſuadent point parce qu'elles menacent au lieu que les préceptes ſont plutôt faits pour perſuader que pour contraindre. Les lois ſont faites pour détourner du crime, les préceptes pour exciter à la vertu. Ajoutez que les lois contribuent elles-mêmes aux bonnes mœurs, ſurtout quand elles ſont autant des enſeignement que des ordres.

Je n'approuve pas que Platon ait ajouté à ſes lois les principes ſur lesquels elles ſont fondées. Il faut qu'une loi ſoit courte, comme un oracle du ciel pour être plus facilement retenue par les ignorants; elle doit commander & non pas diſſerter. Je ne trouve rien de plus déplacé qu'un prologue à la tête d'une loi. Donnez moi des avertiſſemens, preſcrivez moi ce que vous voulez que je faſſe; je ne veux pas m'inſtruire, mais obéir.

Mais, dit-on, les lois ne profitent pas à tout le monde; ni la philoſophie non plus; en faut-il conclure qu'elle eſt inutile & incapable de réformer les mœurs? qu'eſt-ce que la philosophie , sinon la loi de la vie?

Rien de plus propre à rendre une ame honnête, à fixer ses incertitudes, à redresser ses penchants vicieux, que le commerce des gens de bien. Leurs discours, leur simple vue a une influence qui se fait sentir jusqu'au fond des cœurs & tient lieu de préceptes. La seule rencontre des gens est un avantage réel ; il y a toujours à profiter avec un grand homme sans même qu'il parle.

Il y a des animaux dit Platon dans le Phedon, dont la morsure est insensible, tant la finesse de leur dard nous déguise le danger : l'enflure cependant ne nous permet pas de douter de la piquure, quoique dans cette enflure même on n'apperçoive aucune trace de blessure. La même chose vous arrivera dans le commerce des sages ; vous ne distinguerez pas comment ni quand il vous est utile ; mais vous vous appercevrez qu'il vous l'a été.

Si le respect met un frein à l'ame & contient les vices, pourquoi les avertissemens n'auroient-ils pas le même pouvoir ? si le châtiment inspire la honte , pourquoi les avertissemens n'en feroient-ils pas autant avec le secours seul des préceptes? ils ont encore plus d'efficace que les châtiments, & pénetrent plus avant dans l'ame ; parce que la raison vient au secours des préceptes ; parce qu'elle ajoute pourquoi il faut faire chaque action ; parce qu'elle montre la recompense destinée à celui qui dans la pratique se conforme à ses préceptes.

Si les bonnes actions sont essentielles à la vertu , & si les avertissemens dirigent les bonnes actions , les avertissemens sont nécessaires au système de la vertu.

Deux choses donnent à l'ame beaucoup de force , la conviction de la verité & la confiance ; les bons avis donnent ces deux avantages.

M. Agrippa avoit coutume de dire qu'il devoit beaucoup à cette maxime : *La concorde accroît les petites choses , & la discorde ruine les plus grandes.*

La vertu a sa partie spéculative & sa partie pratique : il faut donc & s'instruire & confirmer par des actions ce qu'on a appris. D'où il résulte qu'on tire du profit non seulement des dogmes, mais encore des préceptes de la philosophie, especes d'édits qui contiennent & enchaînent nos passions.

Il n'y a pas un seul mot qui frappe impunément nos oreilles ; & les vœux & les imprécations qu'on nous fait, sont également nuisibles pour nous. Les imprécations des uns nous font concevoir de fausses terreurs ; l'affection & les souhaits des autres nous font prendre de fausses idées ; nous renvoyent rebutés, incertains & vagues, quand nous pourrions tirer le bonheur de notre propre fonds.

L'égarement n'est pas seulement pour celui qui s'égare ; sa demeure est une contagion qu'il gagne & communique par le contact.

En détériorant les autres on devient soi-même plus méchant ; on apprend le mal ; ensuite on l'enseigne.

Le comble de la perversité est de réunir en soi tous les vices particuliers de chaque individu.

Ne croyez pas que nos vices naissent avec

nous ; ils nous font survenus ; on nous en a chargés.

Le malheureux Alexandre étoit poussé dans des régions inconnues par le desir de ravager les possessions d'autrui. . . . . sa cruauté n'est jamais fatiguée ; elle est semblable à ces bêtes féroces qui tuent plus qu'elles ne consument. . . . . Il veut encore aller au delà de l'océan , au delà du soleil même ; il se prépare à faire violence à la nature ; il ne peut pas marcher , mais il ne peut s'arrêter ; comme les corps graves jettés dans un précipice ne cessent de tomber jusqu'à ce qu'ils soient arrivés au fond de l'abime.

Tous ces destructeurs (Pompée , Cesar , Marius &c.) en heurtant les empires , se heurtoient eux mêmes ; semblable à ces tourbillons qui en roulant les corps qu'ils ont emportés , roulent eux mêmes autour d'eux , & reçoivent un choc plus violent , parce qu'ils n'ont pas comme eux un frein qui les contienne.

La sagesse consiste à se rapprocher de la nature , à nous remettre au point d'où les préjugés publics nous avoient tirés.

La retraite n'est point en elle même une école d'innocence, ni la campagne une école de frugalité: mais quand il n'y a plus de témoins, ni de spectateur, les vices dont la récompense est de se montrer, se calment insensiblement.

L'ambition, le luxe, la prodigalité demandent un théatre. Les cacher, c'est les guérir.

On diroit que le bon sens & que la bonne fortune sont incompatibles ; la prospérité ôte à l'homme le jugement.

Il nous arrive quelquefois de demander avec instance des choses que nous refuserions si on nous les présentoit.

XCV.

Il y a quantité de choses que nous voulons nous donner l'air de souhaiter ; quoique nous ne nous en soucions aucunement.

Il n'est pas toujours vrai que les actions vertueuses soient le fruit des préceptes: il faut de la docilité de la part de l'ame. Envain lui presente t - on les maximes de la sagesse, si elle est infectée par le poison de l'erreur.

Rien ne peut empêcher l'exercice de l'art de vivre; il triomphe; il triomphe en se jouant de tous les obstacles.

Voulez-vous savoir la différence qu'il y a entre les autres arts & celui ci ? dans les premiers il est plus excusable de pécher volontairement que par hazard; dans le dernier les fautes volontaires sont les plus graves.

Il est impossible d'agir avec une droiture exacte si l'on ne possede cet ensemble de doctrine à l'aide de laquelle on puisse dans chaque circonstance distinguer & pratiquer toutes les nuances du devoir. Les préceptes seuls ne suffisent pas pour cette perfection de conduite. Une morale donnée par lambeaux n'a pas de vigueur; elle manque, pour ainsi dire, de racines.

Il y a entre les dogmes & les préceptes la même différence qu'entre les élémens & les membres; les derniers dépendent des premiers qui en sont les principes, ainsi que de tous les êtres.

La vertu a diminué dans la même proportion que la science s'est accrue. Cette droiture simple & franche a dégénéré en une métaphisique subtile & ténébreuse; l'on nous enseigne aujourd'hui moins à vivre qu'à disserter.

Vous êtes surpris que nos maladies soient innombrables, comptez nos cuisiniers. Il n'y a plus d'études, ceux qui enseignent les connaissances les plus intéressantes, sont rélegués dans des déserts & privés d'auditeurs; les écoles des Rheteurs & des philosophes, ne sont que des solitudes: mais en récompense quelle foule dans les cuisines! quelle jeunesse nombreuse se presse autour des foyers de nos débauchés!

Nous punissons les homicides & les meurtres particuliers; mais les guerres, mais les massacres des peuples sont des attentats glorieux!

Des hommes, les plus doux des animaux, se plaisent à s'entr'égorger réciproquement, à se faire des guerres, à les transmettre par héritage à leurs enfants, tandis que la paix regne entre les bêtes féroces, privées du don de la parole.

Le premier lien du service militaire, est

la religion, l'amour de ses drapeaux, la honte de les abandonner ; après quoi l'obéissance ne coûte plus rien à ceux qui se sont liés par serment. De même le premier fondement qu'il faut jetter dans l'ame de ceux que vous voulez guider vers le bonheur, c'est la vertu. Qu'ils en aient pour ainsi dire l'enthousiasme ; qu'ils l'aiment, qu'ils desirent de vivre avec elle ; qu'ils refusent de vivre sans elle.

Quand on est vertueux par hazard on n'est point sûr qu'on le sera toujours.

Le mérite ne consiste pas dans l'action, mais dans la maniere dont elle est faite.

On avoit envoyé à Tibere un surmulet d'une grosseur démésurée, ... On dit qu'il pesoit plus de cinquante livres. Le prince le fit porter au marché pour le vendre, & dit à ses courtisans : *Je suis bien trompé, si ce n'est pas Apicius ou Octavius qui achete ce poisson.* Sa conjecture fut vérifiée au delà de ses espérances ; les deux gourmands enchérirent l'un sur l'autre. Octavius l'emporta & se fit un honneur infini dans l'esprit de ses partisans

pour avoir payé cinq mille sesterces un poisson vendu par Cesar, & qu' Apicius lui
même n'avoit pas acheté.

Un ami se tient à coté du lit de son ami
malade; nous l'approuvons: mais s'il a la
succession en vue, c'est un vautour qui attend un cadavre.

Que les hommes apprennent comment ils
doivent se comporter dans les sacrifices,
mais qu'ils sachent comment ils doivent se
mettre en garde contre les tourmens de la
superstition.

Pourquoi les Dieux font ils du bien?
c'est que leur nature l'exige. On se trompe quand on leur suppose l'intention de nous
faire du mal.

Le premier culte des Dieux est de les
croire: Le second de reconnoître leur majesté & surtout leur bonté, sans laquelle il
n'y a point de majesté.

Voulez-vous vous rendre les Dieux favorables? Soyez vertueux; on les honore
assez en les imitant.

Cet univers que vous voyez n'est qu'un

tout, un vaste corps dont nous sommes les membres. La nature en nous formant des mêmes principes & pour la même destination, nous a rendus freres; c'est elle qui nous a inspiré une bienveillance mutuelle & qui nous a rendus sociables.

Nous avons une naissance commune : notre société ressemble aux pierres des voutes dont l'obstacle mutuel fait le support.

Il n'y a rien de certain pour ceux qui suivent la renommée, le plus incertain de tous les guides.

Voulez-vous desirer toujours la même chose? ne desirez que la vérité.

Les feuilles ne peuvent verdir par elles mêmes ; il leur faut un rameau auquel elles soient attachées, d'où elles tirent leurs sucs nourriciers: vos préceptes se flétrissent de même s'ils sont isolés; il faut qu'ils tiennent.

Exposons le tableau de la vertu, & il se trouvera des copistes.

Oh! combien les hommes avides de gloire ignorent sa nature, & comment on y parvient !

Je ne connois pas d'autre malheur pour un homme, que l'opinion où il eft qu'il peut y avoir dans le monde quelque malheur pour lui.

Non feulement je me foumets a Dieu, mais encore je confens à fa volonté; c'eft par inclination et non par néceffité que je lui obéis.

Je ne recevrai jamais avec tristeffe ni XCVI. d'un air chagrin aucun événement. Je ne payerai jamais à regret ma part du tribut commun : tous ces prétendus maux qui nous font gemir et trembler font les tributs de la vie.

Les hommes qui font fans ceffe les jouets de la fortune, qui montent et descendent continuellement par des fentiers pénibles, qui font chargés des expéditions les plus périlleufes, font les hommes courageux, ce font les premiers du camp : mais ceux qui tandis que les autres travaillent, vivent dans la molleffe, font des fainéants, dont la fureté fait la honte.

Vous êtes dans l'erreur fi vous regar- CXVII.

dez comme des vices propres à notre siecle, le Luxe, l'oubli des mœurs & les autres déréglemens que chaque déclamateur impute à l'âge où il vit. Ce sont les vices des hommes & non des tems: il n'y a point eu de siecle exempt de fautes; & si vous voulez comparer la licence des différens âges, jamais le vice ne s'est montré plus à découvert que du tems de Caton.

Le vice ne coûte aucune peine; il ne manque ni de guides ni d'associés, ou plutôt il n'en a pas besoin.

Ce qui rend la plupart des hommes incorrigibles, c'est que dans les autres arts les fautes commises font rougir les artistes; ils en sont choqués les premiers: dans l'art de vivre, les fautes sont un plaisir pour celui qui les commet.

La bonne conscience cherche à se montrer, tandis que la mechanceté craint jusqu'aux tenebres.

Il ne sert de rien aux coupables de se cacher; parce que quand même ils auroient ce bonheur, ils ne peuvent jamais y compter.

Le premier &; le plus grand châtiment de ceux qui commettent le mal est de l'avoir commis.

Le crime n'est jamais impuni ; la fortune a beau l'embellir de ses dons , veiller à sa sureté, le souftraire aux loix, il porte son supplice en lui même.

La fortune délivre quelques hommes du châtiment , mais ne débarrasse personne de la crainte.

Tous les biens qui ont rapport avec la fortune, ne sont utiles & agréables qu'autant qu'en les possédant on se posséde soi-même.

XCVIII.

On se trompe en attribuant à la fortune le pouvoir de nous faire du bien ou du mal : elle ne nous fournit que la matiere de l'un ou de l'autre ; des semences que la différence de la culture rendra favorables ou nuisibles pour nous.

Une ame corrompue fait servir à sa propre perte ce qui s'étoit présenté avec les apparences les plus riantes. Une ame droite & pure corrige les torts de la fortune , adoucit ses rigueurs par le talent de les supporter.

R

Le regret & la crainte des pertes font deux états également douloureux pour l'ame.

C'est s'affliger plus qu'il ne le faut, que de s'affliger avant qu'il en foit befoin.

Les hommes font fi déraifonnables qu'oubliant en quelque façon le terme où ils tendent, le but vers lequel chaque jour les pouffe, ils font furpris de faire quelques pertes fucceffives, tandis qu'ils font deftinés à tout perdre en un jour.

Il n'y a rien de folide pour un être privé de folidité, rien d'éternel & d'indeftructible pour un être périffable.

Il y a de l'ingratitude à croire, quand on a perdu, ne rien devoir pour ce qu'on a reçu.

Pourquoi perdre courage? pourquoi défefpérer? tout ce qui a pu fe faire, peut être encore fait.

C'est s'excercer fous les yeux même de la vertu que d'être témoin des idées d'un homme fage fur la mort & la douleur, quand l'une s'approche de lui & quand l'autre le frappe. C'est de l'homme qui agit qu'il faut apprendre à agir.

Nous cherchons des sujets d'affliction ; nous voulons trouver des torts chimériques à la fortune, comme si nous craignions de manquer de réels.

Si vous aviez éprouvé de toutes les pertes la plus grave, celle d'un ami, il faudroit faire vos efforts pour vous réjouir de l'avoir possedé, plutôt que de vous affliger de l'avoir perdu.

Le tems passé nous appartient, & rien n'est en lieu plus sûr que ce qui a été. C'est l'espérance de l'avenir qui nous rend ingrats sur le passé ; si cet avenir même, en supposant qu'il vienne jusqu'à nous, ne doit pas en peu de tems devenir le passé.

La vie n'est ni un bien ni un mal ; elle n'est que le lieu de l'un & de l'autre.

Mourir, c'est quitter un jeu de hazard où il y a plus à perdre qu'à gagner.

Permettons à nos larmes de tomber, mais ne les y forçons pas : qu'elles coulent autant que le sentiment les fera sortir, & non pas autant que le desir d'imiter les autres les y contraindra.

L'ostentation de la douleur est plus exigeante que la douleur même.

XCIX.

R 2

La douleur elle même a sa decence que le sage doit obferver.

On ne se plait pas dans la société d'un homme triste, à plus forte raison dans celle de la tristesse.

Oublier ses proches, enterrer leur mémoire avec leur cadavre, les pleurer abondamment & s'en souvenir fort peu ; voilà les traits d'une ame insensible.

Le sage doit continuer à se souvenir & cesser de pleurer.

C.　La marche paisible d'une composition facile a des beautés qui lui sont propres. Je mets une grande différence entre la négligence & l'abondance ; j'en mets une grande entre un torrent qui se précipite, & un fleuve qui coule avec tranquillité.

Je trouve plus de mérite à emporter les suffrages qu'à les mériter.

Un Philosophe s'occupera-t-il d'un soin aussi futile que celui des mots ? c'est à la grandeur des choses qu'il s'est voué ; l'éloquence le suit comme l'ombre, sans qu'il y pense. . . . . . Son but n'est pas de vous plaire, mais de vous faire voir ce qui lui plait.

Rien de plus décourageant qu'un homme qui inspire l'envie de l'imiter, sans l'espérance de réussir.

Chaque jour, chaque heure nous fait voir notre néant, nous rappelle par quelque nouvelle preuve au souvenir de notre fragilité, & nous trouble dans la meditation de nos projets éternels , pour nous faire songer à la mort.

CI.

Il en coûte moins pour augmenter en dignités que pour commencer à s'élever.

Il en est de même des richesses ; elles séjournent longtems autour du pauvre , avant de le tirer de l'indigence.

Le tems coule selon des loix fixes mais impénétrables ; que m'importe que ce qui est incertain pour moi, soit certain pour la nature ?

On ne dépend de l'avenir que quand on laisse échapper le présent.

L'homme qui chaque jour a mis la dernière main à sa vie n'a plus besoin du tems.

Le célébrité ne demande pas essentiellement un grand nombre de suffrages ; elle

CII.

fait se contenter du suffrage d'un seul homme de bien : un seul homme vertueux
suffit pour juger tous les gens vertueux.

Il y a de la différence entre la gloire &
la célébrité; en quoi consiste t-elle? C'est
que si un seul homme de bien a bonne
opinion de moi, je suis dans la même posi-
tion que si tous les gens de bien pensoient
de même sur mon compte parce qu'en effet , s'ils viennent à me connoitre ils auront la même opinion. Leurs sentimens ne
sont jamais partagés. . . . .

Mais pour la gloire & la réputation,
l'opinion d'un seul homme ne suffit pas ,
parce que les sentimens sont différens , parce que les dispositions de ceux qui jugent
ne sont pas les mêmes. Aussi trouverez-
vous toujours leurs opinions incertaines,
téméraires , suspectes. Croyez-vous que
cette multitude puisse avoir un même avis?
eh! chacun d'eux n'en a pas même un
seul.

Pourvu qu'un homme de bien juge quelqu'un
digne de louange, il le loue , quand même
il garderoit le silence.

Il y a de la différence entre une louange
& un éloge. Celui ci requiert des paroles,
aussi l'on ne dit pas une louange funebre,
mais un éloge funebre , parce que son essence consiste dans le discours.

Quand on dit qu'un homme est digne
de louanges, ce n'est pas des paroles flat-
teuses mais des jugements glorieux qu'on
lui promet. La louange peut donc être le
témoignage intérieur qu'un homme de bien
rend au dedans de lui même & sans parler, à la vertu de quelqu'un.

Rien ne corrompt autant l'éloquence &
les autres arts destinés aux plaisirs de l'oreille que les applaudissemens de la multitude.

La célébrité naît du jugement seul sans le
secours de la parole ; elle est complette non
seulement au sein du silence, mais encore
au milieu même des réclamations.

La gloire résulte du jugement d'une foule d'honneurs, & la célébrité de celui des
gens de bien.

La célébrité, le tribut de louanges est
un bien pour moi qui suis loué parce que
la nature m'a inspiré l'amour de mes sem-

blables ; je fuis fatisfait & d'avoir bien fait, & d'avoir trouvé des hommes fenfi- bles à mes vertus: leur reconnoiffance eft fans doute un bien pour eux, mais elle en eft encore un pour moi; car je fuis confor- mé à regarder le bien des autres comme le mien, furtout quand c'eft à moi qu'ils en font redevables.

Ces mêmes louanges font auffi un bien pour ceux qui les donnent: elle font le fruit de la vertu & toute action vertueufe eft un bien. Mais d'un autre coté elles n'auroient pas eu lieu fi je n'euffe été moi- même vertueux; des louanges méritées font donc un bien actif & paffif; comme un ju- gement équitable eft un bien & pour celui qui l'a prononcé, & pour celui en faveur du quel il a été prononcé: doutez-vous que la juftice ne foit un bien & pour celui qui la poffede & pour celui à qui elle rend ce qui lui eft dû? Louer un homme qui le mérite eft un acte de juftice; c'eft donc un bien pour tous les deux.

Le but des philofophes n'eft pas de fe- mer leurs ouvrages de fubtilités, & de tirer

la philofophie de fon trone majeſtueux ;
pour la réduire ainſi à l'étroit, ne vaut-il
pas mieux marcher à découvert & en
droite ligne, que de ſe pratiquer à ſoi-
même un labyrinhe tortueux où l'on s'égare avec la plus grande fatigue ? Toutes ces
disputes ne ſont que des jeux de gens qui
cherchent à ſe tromper avec art.

Il est naturel à l'homme d'étendre ſon
ame à la méſure de l'immenſité. L'esprit
humain est grand & fier ; il ne ſouffre de
bornes que celles qui lui ſont communes
avec la divinité. . . . Il n'avoue pour ſa
patrie, que cette voute éthérée qui em-
braſſe l'univers dans ſon circuit immenſe ; cette vaſte concavité au centre de laqu'elle s'étendent les mers, les terres,
l'air qui ſépare & réunit le ciel avec la
terre.

Le ſage ne veut pas qu'on prescrive des
bornes à ſa durée. Toutes les années ſont
à moi, dit-il, il n'y a point de ſiécles
fermés pour le genie, il n'eſt point de
tems où ne pénétre la penſée.

Cette vie mortelle n'eſt que le prélude

d'une vie plus longue & plus fortunée.

De même que le sein maternel nous retient pendant neuf mois, & nous façonne
non pour lui même, mais pour le lieu où
nous entrons, lorsque les poûmons font
capables de pomper l'air, & la machine
de subsister à découvert : de même tout
l'espace qui s'écoule depuis l'enfance jusqu'à la vieillesse n'est qu'une préparation
pour un autre enfantement de la nature.
Une autre origine, un autre ordre de choses nous attend : nous ne sommes encore
en état de soutenir que de loin la splendeur
du ciel.

Regardez les objets qui vous environnent
comme les meubles d'une Hotellerie ; il
faut passer outre.

De dessus la terre même élevez vous
d'avance jusqu'au ciel. Un jour les secrets de la nature vous feront dévoilés ;
le brouillard qui vous enveloppe fera dissipé ;
une lumiere pure viendra vous éclairer de
tous côtés. Représentez vous quel éclat
doit résulter de la lumiere réunie de tant
d'astres ; aucune ombre n'en ternira la pu-

reté : tous les points du ciel resplendiront également.

Eh ! que peut craindre celui qui espere de mourir !

Songez combien les bons exemples font profitables & vous verrez que la mémoire des grands hommes n'est pas moins utile que leur préfence.

Les malheurs qu'il faut prévoir, & qu'il faut éviter, ce font ceux qui nous épient, qui cherchent à nous furprendre. CIII.

L'homme est en peril journalier pour l'homme.

La tempête gronde avant d'éclater ; les édifices craquent avant de s'écrouler ; la fumée annonce l'incendie : mais les attaques de l'homme font inopinées. Ses coups font d'autant plus cachés qu'ils font plus proches.

Ne vous en rapportez pas aux vifages de ceux que vous rencontrez : ils ont les traits de l'homme, & le cœur d'une bête féroce : leur premier choc eft plus dangereux en ce qu'il eft inévitable.

La necefité qui poufe les bêtes farouches à faire du mal , c'est ou la faim ou la crainte qui les force au combat : c'est un plaisir pour l'homme de détruire son semblable. En songeant à ce que vous avez à craindre de l'homme , songez aussi à ce que vous lui devez: à l'un pour n'en pas être offensé , à l'autre pour ne pas l'offenser.

Retirez-vous autant que vous pourrez dans l'azile de la philosophie: elle vous protegera dans son sein.   Dans ce sanctuaire vous serez en sureté ou moins exposé: on ne se heurte que quand on se touche.

Ne faites point parade de la philosophie: c'est une vanité qui a coûté cher à bien des gens. Que la philosophie corrige vos vices , mais qu'elle n'attaque pas ceux d'autrui ; qu'elle ne se déclare pas hautement contre les mœurs publiques ; & que par sa conduite , elle ne paroisse pas condamner tout ce qu'elle ne fait pas: on peut être sage sans éclat , sans indisposer le public.

Un homme ne pouvant obtenir de sa femme qu'elle l'aime d'une façon plus courageuse , il faut qu'elle obtienne de lui qu'il s'aime avec plus de foiblesse.

Il faut avoir de la déférence pour les actions honnêtes, & malgré les sujets les plus pressants de mourir, il faut rappeller par égard pour les siens une vie destinée même aux tourments.

Un homme de bien doit vivre, non pas autant que cela lui convient, mais autant que la necessité l'exige. Celui qui ne fait pas assez de cas de sa femme & de ses amis, pour séjourner plus longtems dans la vie, & qui s'obstine à mourir est un homme trop délicat.

Il y a de la grandeur de retourner à la vie pour l'interêt des autres; c'est ce qu'ont fait souvent des hommes célébres. De plus il y a de l'humanité à conserver soigneusement sa vieillesse, cet âge dont les fruits sont plus abondans & la garde moins pénible; cet âge qui fait un usage plus vigoureux de la vie, quand on sait qu'elle est agréable, utile & désirable pour quelques uns des siens. Quoi de plus agréable que d'être assez cher à sa femme pour devenir plus cher à soi même.

CIV.

Quel bonheur ce seroit pour bien des gens de pouvoir se perdre ! ils sont les premiers à s'inquiéter, à se troubler, à se faire peur.

Que sert-il de traverser les mers, de passer de villes en villes ? pour vous soustraire au mal - aise que vous éprouvez, soyez autre & non pas autre part.

Lorsque l'ame a contracté l'habitude d'une peur denuée de prévoyance, elle devient incapable de veiller à sa propre conservation ; elle n'évite pas, elle fuit ; mais nous sommes plus exposés aux perils quand nous leur tournons le dos.

Tous les êtres que vous aimez ne sont que des arbres en pleine verdure dont le sort fera tomber les feuilles plutôt ou plus tard. Mais si l'on supporte sans peine la chûte des feuilles, parce qu'elles doivent renaitre un jour, vous ne divez pas temoigner plus de regret de la perte des personnes que vous aimez, & que vous regardez comme le charme de votre vie ; parce que vous les retrouverez quoiqu'elles ne renaissent pas comme les feuilles : il est vrai qu'elles ne feront plus les mêmes ; ni vous non plus.

Dans les autres la mort emporte ouvertement : dans vous elle dérobe en fecret.

N'esperez jamais fans defespoir, ne defesperez jamais fans espoir.

De quelle utilité ont jamais pu être les voyages par eux-mêmes ? ils ne mettent pas un frein à la débauche, ils n'amortiffent pas les paffions, ils ne répriment pas la colere, ils ne domptent pas la fougue impétueufe de l'amour, en un mot ils ne banniffent aucun vice de l'ame ; ils ne donnent pas le jugement, ils ne diffipent point les erreurs ; ils arrêtent un moment par la nouveauté des objets, l'homme qui comme un enfant, admire tout ce qu'il ne connoit pas.

Les endroits qu'on avoit le plus ardemment defirés font ceux que l'on quitte avec le plus de promptitude ! on devient des oifeaux de paffage qui s'en vont plus vîte qu'ils n'étoient venus.

Tant que vous ignorerez ce que vous devez fuir ou chercher, ce qui est nécesfaire ou superflu, ce qui est juste & honnête ; vous ne voyagerez pas ; vous vous égarerez.

Les voyages ne font pas un médecin, ni un orateur : Il n'y a point d'art dont le changement de lieu puisse instruire ; & la sagesse, le plus important des arts pourroit s'acquérir en voyageant.

Croyez-moi ; il n'y a point de chemin qui puisse vous conduire au de là des defirs, de la colere, de la crainte ; s'il y en avoit, tout le genre humain s'y rendroit en foule.

Si vous voulez voyager agréablement, commencez par guérir votre compagnon de voyage. (Votre ame.)

La nature a rendu l'homme un être magnanime ; elle a départi à quelques animaux la férocité, à d'autres la ruse, à d'autres la crainte ; pour nous elle nous a doués d'une ame noble & passionnée pour la gloire, qui cherche plutôt l'honnêteté que la sureté ; cette ame semblable à la nature qu'elle suit & imite autant que les pas des mortels peuvent marcher sur ses traces, aime

aime à se montrer, à être louée & regar-
dée ; elle est la maitresse de tout , supérieure à tous les événemens ; aussi elle ne
se soumet à rien ; elle ne trouve rien de
trop pesant , de capable de courber l'homme.

Rien de plus commun que des gens qui
regardent comme impossible ce qu'ils ne
peuvent faire ; qui nous accusent de tenir
un langage outré , & peu fait pour la nature humaine. Que j'ai meilleure idée
d'eux ! tout ce que nous (les Stoïciens)
disons, ils peuvent le faire ; mais ils ne le
veulent pas.

La liberté n'est pas un bien qui ne cou-
te rien ; si vous l'estimez beaucoup , il faut
estimer peu tout le reste.

On foule aux pieds celui qu'on méprise ,
mais on passe outre. On ne s'acharne pas
contre lui ; on ne se donne pas la peine
de méditer sa ruine.

Un moyen sûr de tromper l'espérance
des méchants , est de ne rien posseder qui
excite la cupidité déréglée des autres , de
ne rien avoir qui vous fasse remarquer :

CV.

S

tout ce qui est remarquable se fait désirer sans être bien connu.

Pour se dérober à l'envie, il faut ne point frapper les regards, ne point faire parade de ses biens, savoir être heureux intérieurement.

Il y en a qui se sont attirés la haine sans avoir eu d'ennemis.

Il est triste de se faire craindre dans sa maison, comme au dehors; de ses esclaves, comme des hommes libres. Il n'y a personne qui n'ait assez de force pour nuire.

La conversation a des attraits flatteurs qui insensiblement font sortir les secrets au dehors, de même que l'ivresse & l'amour: on ne tait pas ce qu'on a oui dire, & l'on ne se borne pas à dire ce que l'on a entendu; celui qui n'a pu taire un propos, n'en taira pas l'auteur. Il n'y a personne qui n'ait un ami en qui il ait autant de confiance qu'on en a eu en lui. L'homme, qui ne sait pas se contenir passe sa vie dans le trouble & dans la confusion: il craint à proportion du mal qu'il fait ; il n'est jamais sans crainte, les allarmes suivent le délit ; les inquiétudes se fixent dans l'ame. Le témoignage de leur conscience ne permet pas aux malfaiteurs de songer à autre chose, elle les ramene toujours à eux mêmes : on subit la punition quand on l'attend ; & on l'attend quand on la craint.

Le malfaiteur a quelquefois eu le bonheur mais jamais la certitude de n'être pas découvert.

Nous jouons aux échecs, nous épuisons notre subtilité sur des objets inutiles (*): ces questions font des hommes habiles & non des hommes vertueux. La sagesse est une science & plus claire & plus simple : mais nous prodiguons la philosophie comme tout le reste. Les sciences & les lettres ont aussi leurs excès.

CVI.

Il y a une multitude innombrable de traits divers dirigés contre nous ; les uns

CVII.

(*) dans cette lettre Seneque répond à cette question : le bien est-il un corps, & il soutient l'affirmative.

nous ont déjà percés , les autres font ajuftés & prêts à partir ; les autres nous effleurent au paffage pour en aller frapper d'autres.

Des loix font juftes non quand elles font obfervées par tous , mais quand elles ont été faites pour tous.

L'éternité eft compofée de contraires.

L'ame vraiment grande eft celle qui fe remet entre les mains de Dieu ; l'ame baffe & dégénérée eft celle qui lutte contre la nature, qui blame l'ordre de l'univers, qui aime mieux réformer les Dieux, que fe réformer elle même.

CVIII. Il ne faut pas cueillir indifferemment partout des objets d'inftruction, ni s'emparer avidement de tout : ce n'eft que par les détails qu'on parvient à l'enfemble.

Il faut puifer en proportion de votre capacité, & non de votre volonté.

Plus l'efprit reçoit plus il s'étend.

Telle eft la force de la philofophie, que non feulement fon étude, mais fon feu commerce eft profitable. Celui qui va au

foleil, quoiqu'il n'y foit pas allé dans cette vue, en revient hâlé ; ceux qui font res-
tés quelque tems affis dans la boutique
d'un parfumeur, emportent avec eux l'o-
deur qu'on y refpire : de même il n'eft
pas poffible qu'on ne tire quelqu'avantage de la fociété d'un philofophe, fans même qu'on y faffe attention.

C'eft la beauté des chofes & non le vain
fon des mots qui doit nous transporter &
nous infpirer de l'enthoufiasme.

De même, difoit Cleanthe, que notre
fouffle produit un fon plus clair, lorsque la
trompette après l'avoir refferré dans un ca-
nal long & étroit, le laiffe enfuite fortir
par une large iffue ; de même la gêne
étroite du vers rend nos penfées plus éclat-
tantes.

Les mêmes chofes font écoutées avec
moins d'attention & frappent moins, quand
elles font dites en profe ; lorsque le rythme
s'y joint, lors qu'une penfée brillante eft
refferrée dans une méfure fixe, elle frappe comme la pierre lancée par une fronde.

Il est facile d'enflammer de l'amour de

la vertu les ames encore tendres, souples
& legerement corrompues; la vérité s'empare d'elles quand elle emploie un organe
éloquent.

La meilleure odeur pour le corps, est
de n'en point avoir.

Je regarde comme une volupté inutile de
cuire mon corps (dans le bain) & de l'épui-
fer à force de transpiration.

Il est des habitudes qu'il est plus facile
de rompre que de régler.

Comme c'est le vin le plus clair qui
fort le premier du tonneau, tandis que la
partie la plus trouble & la plus épaisse
reste au fond : de même la meilleure partie de notre vie est la premiere ; nous la
laissons épuiser par les autres, & nous nous
reservons la lie.

Que le premier jour nous plaise comme
le meilleur, assurons nous en, il faut saisir ce qui fuit.

Il n'y a pas d'hommes à mon avis qui
fassent plus de tort au genre humain que
ceux qui ont appris la philosophie comme
un metier lucratif, & qui vivent autre-

ment qu'ils n'enseignent à vivre ; ils se
donnent eux mêmes pour exemple de l'i-
nutilité de leur science, étant sujets à tous
les vices contre lesquels ils s'élevent.

Les hommes vertueux sont reciproque-
ment utiles les uns aux autres : ils exercent leurs vertus l'un envers l'autre : ils
fixent leur sagesse dans son état de perfection. . . . . les lutteurs se fortifient par
l'exercice: un musicien est un aiguillon pour
un musicien: le sage a besoin comme eux,
que ses vertus soient mises en action ; un
autre sage le meut, comme il se meut lui
même. En quoi donc un sage sert - il
à un autre sage ? c'est en lui in-
spirant de l'enthousiasme , en lui mon-
trant les occasions de faire des actions honnêtes. Outre cela il lui communiquera ses
idées, il lui montrera les découvertes qu'il
aura faites. En effet il restera toujours
au sage des découvertes à faire, à son ame
un nouveau terrein à parcourir.

La perversité est poussée à son comble,
lorsque les vices de plusieurs hommes
sont confondus en un seul, lorsque la méchanceté devient le plus combinée qu'il est

CIX.

S 4

possible. L'homme de bien doit donc par la raison contraire, être utile à l'homme de bien. . . . . il s'établira entre eux un commerce de connoissances. Le sage ne fait pas tout; & quand même cela seroit, on peut imaginer des routes plus abrégées, des methodes, plus faciles.

Le sage pour se maintenir dans l'assiette de son ame, a besoin du commerce de quelques amis qui lui ressemblent, auxquels il fasse part de ses vertus. Ajoutez que toutes les vertus ont entre elles un lien d'amitié : par conséquent il y a de l'utilité à aimer dans un autre des vertus conformes aux siennes, & à lui faire aimer celles qu'il possede.

Il n'y a que le sage qui puisse faire impression par sa sagesse sur l'ame d'un autre sage, comme il n'y a que l'homme qui puisse par la raison faire impression sur l'ame d'un autre homme : de même donc que pour agir sur la raison, il faut de la raison; pour agir sur la raison parfaite, il faut une raison parfaite.

La rencontre d'un sage est par elle même une chofe défirable pour un fage, parce que tous les biens font naturellement chers aux gens de bien; d'où il fuit qu'un homme vertueux, aime un autre homme vertueux, comme il s'aime lui même.

On eft fûr de la protection des Dieux, quand on eft en paix avec foi même.   CX.

Ce n'eft pas la peine de fouhaiter le couroux des Dieux à un homme que vous jugez digne de chatiment: foyez fûr qu'ils font irrités contre lui, lors même qu'il paroit jouir de leur faveur & de leur protection.

Confiderez avec toute l'attention dont vous êtes capable, les événemens de cette vie, en eux mêmes, & non d'après le nom qu'on leur donne; & vous verrez que les pretendus maux font plutôt des combinaifons heureufes, que des accidents fâcheux. Combien de fois un événement auquel on donnoit le nom de calamité, a t-il été la fource & l'époque du bonheur? Combien de fois un autre événement reçu avec reconnoiffance, a t-il creufé un précipice , & n'a-t-il élevé un homme que pour le faire tomber de plus haut?

Nous étendons le bien & le mal nous les allongeons par l'espérance & par la crainte.

Il vaut mieux avoir une jouiffance moins longue, & des craintes plus courtes.

Perfonne de nous ne s'eft donné la peine d'approfondir la vérité; nous nous paffons la crainte de main en main ; perfonne de nous n'a eu le courage de fe préfenter en face devant les objets de fon trouble, de connoitre à fond la nature & l'utilité de la crainte.

Notre vie est une courfe continuelle, durant laquelle nous ne nous arrêtons jamais , nous ne regardons jamais où nous pofons le pied. Quelle folie de fe précipiter dans les ténébres!

L'esprit de l'homme peut porter fes regards même au delà du monde ; il peut confiderer qu'elle est fa deftination ; de quels principes il eft formé ; vers quel terme fe précipite la courfe de tous les êtres.

Mais nous avons détourné l'esprit humain
de ces contemplations divines, pour le réduire à des occupations abjectes, pour le
rendre l'esclave de l'avarice, pour lui faire fouiller les entrailles de la terre, dans
la vue d'en tirer de nouveaux malheurs,
comme si la nature ne lui en envoyoit pas
assez !

Tous les objets qui pouvoient nous être
avantageux, Dieu, le pere des hommes,
les a placés près de nous ; il n'a pas at-
tendu nos recherches, il nous les a donnés de lui même ; mais il a enseveli au
fond de la terre ceux qui devoient nous
nuire. . . . . C'est nous mêmes qui avons
déterrés les causes de notre perte, malgré
les efforts de la nature pour nous les dérober ;

L'homme libre n'est pas celui sur qui
la fortune a peu de pouvoir, c'est celui sur
lequel elle n'en a point du tout.

Vous songerez à être heureux plutôt qu'à
le paroître, ou du moins vous chercherez
à le paroître à vos yeux plutôt qu'à ceux
des autres.

CXI.

Comme les grandes montagnes dont l'élévation paroit moindre lors qu'on les voit de fort loin, mais dont la hauteur vous étonne quand vous vous en approchez. Le véritable philofophe est pour ainfi dire placé fur une éminence, & paroit plus grand à méfure qu'on le confidere de plus près.

Les fophismes, les chicanes de mots font descendre la philofophie de fa hauteur pour la ravaler jufqu'à terre. . . . . les chicanes font dangereufes en ce qu'elles prefentent des agremens qui captivent l'esprit & le retardent dans fa marche, tandis qu'il y a tant d'objets faits pour le fixer.

CXII.

Toute vigne n'est pas fufceptible d'être greffée; lors qu'elle est vieille, épuifée, grêle & fans vigueur, elle ne prendra point la greffe, elle ne lui fournira point de fucs nourriciers, elle ne prendra point corps avec elle: voilà pourquoi nous fommes dans l'ufage de la couper au deffus de terre, fi la premiere greffe vient à manquer, afin d'en effayer une feconde en greffant jusqu'en terre.   Cette vigne est l'image d'un homme vicieux endurci par une longue habitude de la perversité.

Les hommes aiment & haïssent à la fois leur conduite.

Entre les autres perfections qui me font admirer le génie de l'ouvrier céleste. Je suis surtout étonné de la fécondité prodigieuse avec laqu'elle il a varié les êtres ; malgré cette foule innombrable de substances diverses il ne se repete jamais ; les mêmes objets qui paroissent se ressembler, comparés les uns avec les autres, ont des differences marquées.

Qu'est-ce que le courage ? c'est un rempart inexpugnable pour la foiblesse humaine. Quiconque s'y fortifie, se maintient avec sécurité dans les assauts de la vie ; car il se sert de ses forces, de ses armes.

Les choses fortuites ne sont pas des armes : l'on peut être armé contre ses ennemis & sans défence contre elles.

Dans qu'elle erreur sont les hommes qui desirent d'étendre leur domination au delà des mers ! qui se regardent comme souverainement heureux quand ils ont conquis, à l'aide de leurs soldats plusieurs Provinces! quand ils en ont ajouté de nouvelles aux anciennes! ils ne connoissent pas d'autre moyen d'égaler leur empire à celui des Dieux: le plus grand des empires est celui qu'on exerce sur soi même.

Ne cherchez pas dans la justice une autre récompense que d'être juste.

Il est indifferent que beaucoup de monde connoisse votre équité : quiconque veut rendre sa vertu publique, n'a pas travaillé pour la vertu, mais pour lui même.

Vous ne voulez pas être juste sans gloire? mais vous serez souvent obligé de l'être avec infamie.

CXIV. Le langage des hommes dit un proverbe grec fut toujours conforme à leur vie.

De même que les actions de chaque individu sont conformes à ses discours, le stile & le langage sont la peinture des mœurs publiques: lors que les mœurs de la société se sont corrompues & amollies, un langage peu chatié fut un signe de la dépravation publique ; surtout quand ce défaut ne s'est pas trouvé dans un ou deux individus, mais s'est attiré l'approbation générale.

L'esprit ne peut avoir d'autre teinte que l'ame ; est-elle saine, bien reglée, grave, retenue ? L'esprit aura les mêmes qualités, est-elle viciée ? il en ressentira la contagion. . . . . . Est-elle en délire ou animée par la colere qui ressemble au délire ? les mouvemens du corps sont troublés ; on ne marche pas, on est emporté. Ce desordre doit encore bien plus se faire sentir à l'esprit qui est intimement uni à l'ame, qui est modifié par elle, qui lui est subordonné, & soumis à ses loix.

Lors que l'on a appris l'habitude de dédaigner les choses d'usage, & qu'on regarde comme méprisable tout ce qui est ordinaire, on cherche de la nouveauté jusque dans le langage.

Partout ou vous verrez réussir un langage corrompu, vous serez en droit d'en conclure que les mœurs y sont dépravées.

De même que le luxe dans les repas ou dans les habits, annonce une société malade; de même la licence dans le langage, lors qu'elle est générale, annonce le caractere de ceux qui le tiennent.

Ne soyez pas étonné de voir le langage se corrompre, non seulement chez le peuple grossier, mais même chez les personnes d'un rang distingué; ce n'est que par l'habillement, & non par le jugement que ces hommes différent.

Nul grand génie n'a réussi si l'on n'a eu quelque défaut à lui pardonner.

Le langage n'est point soumis à des régles certaines; il est sujet aux caprices de la mode qui n'est jamais longtems la même.

Les sentences sont non seulement vicieuses lorsqu'elles sont basses & pueriles, & lors qu'elles sont dépravées & contraires à la décence, mais encore lors qu'elles sont trop fleuries, trop effeminées, lors qu'elles ne produisent que des sons.

CXV.   Songez à ce que vous avez à écrire & non à la maniere; & même occupez vous plus de sentir que d'écrire.

Lors que vous verrez un stile trop étudié, trop recherché, sachez que l'esprit

de

de l'écrivain s'est occupé de minuties.

Un esprit élevé s'exprime avec aisance ; il parle avec plus d'assurance que de soin.

Le langage est le visage de l'ame ; est-il fardé, trop ajusté, trop travaillé ? il annonce que l'ame n'est point pure, qu'elle est souillée de quelque vice.

La félicité de ceux que vous voyez marcher la tête si haute n'est couverte que de feuilles.

La même chose qui fait tant de magistrats & de juges, s'empare des magistrats & des juges ; c'est l'argent qui depuis qu'il a commencé à être en honneur a fait disparoître le véritable honneur.

Nous sommes devenus à la fois marchands & marchandise.

CXVIII.

La félicité n'est point insatiable, comme on se l'imagine ; elle a des bornes ; voilà pourquoi elle ne rassasie personne.

Les hommes pour la plupart admirent des objets dont la distance les abuse.

Un bien ne doit être désiré que lorsqu'il a commencé à mériter de l'être.

Un chose devient un bien par son association avec l'honnête. . . . le bien découle de l'honnête, l'honnête vient de lui même : ce qui est un bien peut avoir été un mal ; ce qui est honnête ne peut jamais avoir été qu'un bien.

CXIX.   Il faut emprunter de foi même. Quelque petit que foit l'emprunt, il fera fuffifant fi nous nous demandons à nous mêmes ce dont nous avons befoin.

Il n'y a point de différence entre avoir & ne pas défirer.

Celui qui a beaucoup défire d'avoir davantage, ce qui prouve qu'il n'a point affez.

Croyez vous qu'on ne doit pas appeller richeffes celles pour lesquelles perfonne ne fut jamais proscrit, pour lesquelles un fils ou une femme n'ont jamais empoifonné perfonne ? celles qui font en fureté même pendant la guerre ? celles dont on jouit à loifir durant la paix ; celles qu'on peut poffeder fans danger, & dont on peut difpofer fans peine.

Ce qui fuffit n'eft jamais peu de chofe. Ce n'eft pas avoir beaucoup que de n'avoir pas affez.

Celui qui se borne au vœu de la nature, non seulement n'éprouve pas le sentiment de la pauvreté, mais encore est exempt de la craindre.

La faim n'a point de vanité : il lui suffit de cesser ; elle s'embarrasse fort peu de ce qui l'appaise.

Un des grands avantages que la nature nous procure, c'est qu'elle ôte le dégout à la nécessité.

Le créateur de ce monde qui nous prescrivit des loix, voulut que nous nous conservassions, mais non pas que nous fussions délicats.

La nature par aucun côté ne mérite notre reconnoissance à plus juste titre que parce qu'elle nous permet de satisfaire sans dégout & sans peine, les désirs formés par la nécessité.

La nature a semé en nous les germes de la science, mais non la science même.

CXX.

La nature veut que nous exagerions les actions louables ; il n'y a personne qui ne porte la gloire au delà de la vérité.

Il y a des vices qui quelquefois se

montrent fous l'apparence de l'honnête ;
ainfi la meilleure des chofes eft produite
par fon contraire: en effet les vices & les
vertus fe touchent, les apparences du bien
fe rencontrent même dans les hommes les
plus vils & les plus corrompus. C'eft ainfi
qu'un prodigue a les apparences de la libéralité, quoiqu'il y ait une grande différence entre favoir donner, ou ne favoir pas
conferver ce qu'on a.

Beaucoup de gens ne donnent point leur
bien, mais femblent le jetter; Je n'appelle point libéral un homme qui agit comme
s'il étoit en colere contre fon argent.

Qu'eft-ce donc qui nous a fait connoitre
la vertu ? nous l'avons reconnue par l'ordre qu'elle établit, par fa beauté, par fa
conftance, par l'harmonie qu'elle met dans
toutes les actions, par fa grandeur qui
l'éleve au deffus de tout.

Si l'ame regarde avec mépris le lieu
qu'elle habite ; fi elle s'y trouve trop à
l'étroit ; fi elle ne craint point de le quitter ;
c'eft une preuve très forte qu'elle tire fon
origine d'un fejour plus élevé. Celui qui

se rappelle d'où il est venu, sait aussi où il doit retourner.

Le tems que nous avons vécu est au même lieu où il étoit avant que nous vécussions.

Ce n'est point le pas où nous tombons qui est cause de notre lassitude, il ne fait que la montrer.

Le dernier de nos jours nous fait parvenir à la mort, mais tous les autres nous en ont approchés ; elle nous emmene avec douceur, elle ne nous emporte pas avec violence. Voilà pourquoi une ame forte, qui a l'idée d'une existence plus heureuse, cherche à s'acquitter honorablement & avec soin de la tâche qui lui est imposée ; elle ne regarde aucune des choses qui l'environnent, comme lui appartenant en propre ; mais semblable à un voyageur pressé, elle en use comme d'un bien d'emprunt.

Les qualités vraies ne se démentent point, les fausses n'ont aucune durée.

Une des plus grandes preuves d'une ame désordonnée, c'est de flotter sans cesse &

d'être continuellement ballotée entre le désir de feindre la vertu , & l'attachement au vice.

C'est une chose très grande & très estimable d'être toujours le même; cet avantage n'appartient qu'au vrai sage.

CXXI. Tout ce qui tient à la morale ne constitue pas les bonnes mœurs.

Il est des spéculations qui influent diversement sur les mœurs ; quelques unes servent à les regler & à les corriger ; d'autres ont pour objet de rechercher leur nature & leur origine.

Comment saurez vous les mœurs que l'homme doit avoir , si vous ne connoissez pas ce qui est le plus avantageux pour lui ; en un mot si vous ne considerez pas sa nature ?

Nous admirons les acteurs habiles dont les mains peuvent tout exprimer, & dont les gestes sont aussi prompts que la parole. Ce que l'art donne à ceux ci , la nature le donne aux animaux ; aucun d'eux ne remue ses membres avec peine , ou n'est embarassé dans l'usage qu'il en fait. Dès qu'ils sont nés ils exécutent sur le champ les fonctions auxqu'elles ils sont destinés ; ils apportent leur science en venant au monde, ils n'aissent tout élevés.

Comme le sentiment de notre ame nous est parvenu sans que nous connoissions sa nature & son siege, de même le sentiment de leur façon d'être a dû venir à tous les animaux.

Il n'y a personne de nous qui ne conçoive qu'il existe en lui quelque chose qui lui donne des impulsions ; mais il ignore ce qui produit cet effet. Il en est des animaux comme des enfants ; les uns & les autres n'ont que des idées confuses & obscures de la partie qui les dirige.

Tout animal commence par s'accommoder avec lui même, vu qu'il doit y avoir quelque objet auquel tout puisse se rapporter. Je désire le plaisir ; pour qui ? c'est pour moi : c'est pour moi que je travaille. Je fuis la douleur ; pour qui ? pour moi. C'est donc encore pour moi que je prens des soins. Cela posé, c'est de moi que je m'occupe avant tout.

La nature façonne ſes productions , elle ne les jette point au hazard ; & comme il n'y a pas de meilleure garde que celle qui ſe trouve la plus proche , chaque animal a été confié à lui même.

Aucun animal ne parvient à la vie ſans la crainte de la mort.

Pourquoi les petits pouſſins craignent-ils un chat , & n'ont ils aucune crainte d'un chien ? En cela ils ſemblent avoir une connoiſſance de ce qui peut leur nuire , ſans que l'expérience la leur ait fournie ; ils ſe mettent en ſureté avant même d'avoir éprouvé du mal.   Et ne croyez pas que ce ſoit un effet du hazard ; ils ne craignent que les objets qu'ils ont raiſon de craindre.

L'expérience inſtruit lentement & diverſement ; les leçons de la nature ſont uniformes & promptes.

CXXII.   Il eſt honteux d'être encore à demi endormi , lors que le ſoleil eſt dejà fort élevé , ou de commencer à s'éveiller à la moitié du jour.

Croyez vous donc que des hommes puiſſent ſavoir comment il faut vivre , quand ils ignorent quand il faut vivre.

Etendons les bornes de notre vie, dont le devoir & la preuve est d'agir: bornons la nuit, dérobons lui quelques momens pour les ajouter au jour.

Les volailles destinées aux festins, sont renfermées dans des lieux obscurs, & privées de mouvement afin qu'elles s'engraissent. C'est ainsi que ceux qui se livrent à la paresse, & se privent d'exercice, s'appesantissent & se chargent d'un embonpoint dangereux.

Tous les vices contrarient la nature, tous l'éloignent de l'ordre: le luxe semble ne se plaire que dans la perversité; non content de sortir du droit chemin, il s'en écarte le plus qu'il peut, & ne s'arrête que lors qu'il tient une route directement opposée.

Il ne faut jamais faire ce que fait le vulgaire; il y auroit de la bassesse à vivre comme lui. On ne veut pas du jour qui luit pour tout le monde; on veut se faire un matin pour soi en particulier.

Quelques gens vivent de la sorte, non parce qu'ils trouvent la nuit plus agreable

que le jour ; mais parce que rien de ce
qui est simple & naturel, n'a le droit de
leur plaire, & que le jour est incommode pour ceux qui ont une conscience malade. Ces hommes qui ne désirent & ne
dédaignent les choses que suivant le prix
qu'elles coûtent, méprisent le jour parce
qu'il ne coûte rien.

Ne soyez point surpris de voir des effets
si divers dans les vices ; ils sont très variés ils se montrent sous une infinité de
formes ; on ne peut se faire une idée de
leurs différentes especes. La vertu est
simple, le vice est varié, & prend une
multitude de routes obliques & détournées. Il en est de même des mœurs : celles des personnes qui suivent la nature,
sont faciles, sans embarras, & ne montrent
que des différences imperceptibles ; tandis
que ceux qui s'en écartent ne sont d'accord ni avec eux mêmes ni avec les autres.
Il me paroit que la cause de cette maladie est l'ennui de la vie commune ; de
même qu'on cherche à se distinguer des
autres par les habits, par la délicatesse des

repas , par la magnificence des voitures ;
on veut encore s'en féparer par la façon
de difpofer fon tems.

Il n'eft rien de fi fâcheux qu'on ne puis-CXXIII.
fe aifément fupporter ; il n'y a rien qui doi-
ve nous impatienter , fi nous ne lui en
laiffons pas le pouvoir.

On doit s'habituer à fe contenter de peu.
Les perfonnes mêmes les plus riches rencontrent un grand nombre de contretems
& de traverfes qui s'oppofent à leurs vœux.

Nul homme ne peut avoir tout à fouhait ;
mais chacun peut ne pas défirer ce qu'il
n'a pas.

Le repos nous ôte le mal que la fatigue
nous a caufé.

Quand on s'eft préparé , quand on s'eft
prefcrit la patience , on fe trouve plus de
fermeté & de vigueur qu'on ne l'avoit imaginé. Les preuves les plus certaines font
celles que notre ame donne fur le champ,
lorfque non feulement elle voit avec courage , mais encore avec tranquillité , les
chofes qui la contrarient ; lors qu'elle ne
s'en irrite point ; lors qu'elle ne fe permet

pas d'en murmurer ; lors qu'elle fait fuppléer à ce qu'on auroit dû lui donner, en
ne le défirant point ; lors qu'elle penfe qu'il
manque quelque chofe à fes habitudes, &
non à elle même.

Nous ne connoiffons à quel point plufieurs chofes nous font inutiles, que lors
que nous en fommes privés ; nous nous en
fervions, non parce que nous en avions
befoin, mais parce que nous les avions.

Une des caufes de nos maux vient de
ce que nous réglons notre conduite fur
celle des autres ; nous ne fommes pas gui-
dés par la raifon, la coutume nous entraîne.
Si peu de gens faifoient une chofe, nous
ne chercherions pas à les imiter ; mais lors
que le grand nombre la fait nous les fui-
vons ; comme fi de ce qu'une chofe fe fait
fouvent elle en étoit plus eftimable ! une
erreur devenue générale prend la place de
la droite raifon.

On croyoit que les hommes les plus dangereux étoient les colporteurs de calom-
nies ; mais il eft des hommes qui colportent
les vices ; leur converfation eft très nuifible ;

lors même qu'elle ne nuit pas sur le champ, elle laisse des semences dans l'esprit après les avoir quittés, nous sommes atteints d'un mal qui se réveillera par la suite.

Ceux qui ont écouté une symphonie, portent dans leurs oreilles la melodie d'un chant agreable qu'ils ont entendu.....: Il en est de même du langage des flatteurs; & de ceux qui louent les choses deshonnêtes; l'impreffion nous en reste bien plus de tems qu'on n'en a mis à l'écouter.

Personne n'est bon par hazard; il faut apprendre la vertu.

Pourquoi se plaindroit-on de la mort? elle rend une justice égale à tout le genre humain.

La superstition craint ceux que l'on devroit aimer; elle outrage ceux qu'elle adore.

Si nos sens étoient les juges du bien, nous CXXIV. ne rejetterions aucun plaisir, vu qu'il n'en est aucun qui ne nous invite & ne nous flatte.

Comme la nature dans tous les êtres ne montre le bien que dans leur état parfait; de même le bien de l'homme ne se trouve en lui que lors qu'il jouit d'une raison perfectionnée.

Le vrai bien ne peut se trouver dans une bête, il appartient à une nature plus heureuse & plus parfaite. Il n'y a point de vrai bien où la raison ne se rencontre pas.

Les avantages dans la jouissance des quels la vie heureuse ne peut pas consister, ne peuvent pas être ce qui rend la vie heureuse.

Pour pouvoir dire qu'une chose est dans le trouble ou le désordre, il faudroit qu'elle put être quelquefois dans l'ordre. Il n'y a de l'inquiétude que lors qu'il peut y avoir de la vertu.

On tire du profit de tout ce qui nous empêche de nous livrer au mal.

Vous jouirez du souverain bien lors que vous aurez reconnu que les hommes que le vulgaire regarde comme les plus heureux, sont les plus malheureux.

Fin de la premiere partie.